Scintille Feltrinelli

Giuseppe Morici

CRESCERE È UNA COSA DA GRANDI

Perché le intenzioni di un'azienda contano più delle sue dimensioni

Prima edizione in “Scintille” marzo 2024

Stampa Grafica Veneta S.p.A. di Trebaseleghe - PD

ISBN 978-88-07-17427-8

Crescere è una cosa da grandi

A Narni, andata e ritorno

Introduzione

Esistono aziende piccole che si pongono domande grandi, e aziende grandi che si pongono domande piccole.

Esistono anche aziende grandi che sono state pensate in grande fin da quando erano piccole, e altre che lo sono diventate loro malgrado.

O aziende piccole dove si respira l'aria fresca di montagna e altre dove non si respira perché non ci sono le finestre.

Crescere per un'azienda non è una questione puramente economica, ma di postura, di sguardo sul mondo. Come per un ragazzo non è una questione di peso o di altezza. Chi si sognerebbe di dire che un giovane di vent'anni è più grande di un uomo di cinquanta solo perché pesa di più o è più alto? E allora perché ci ostiniamo a chiamare grandi aziende quelle che fatturano di più e che hanno più dipendenti? Le dimensioni non sono rilevanti al fine di definire un'impresa una grande azienda. Quel che conta è la mentalità, la cultura, il modo di stare al mondo e soprattutto il modo di gestire la conversazione interna, tra le persone che vi lavorano. Conversazione interna che quasi sempre, peraltro, si traduce, è sintomo, anzi premessa della conversazione con il mondo esterno.

A tali riflessioni è dedicato questo libro. Affronto quindi i miei temi consueti – le aziende, i manager, gli imprenditori, la crescita – ma da una prospettiva più matura, credo. Una prospettiva che cerca di integrare, recuperare e tener insieme istanze apparentemente contradditorie. Un punto di vista più maturo, forse, sul mondo in cui ho vissuto fin qui. Sempre con un piede dentro e uno fuori, un orecchio dentro e l'altro fuori, un occhio dentro e uno fuori. Sempre alla ricerca, insomma, di significati e di intenzioni ulteriori rispetto a quelli "stretti" della quotidianità e dell'urgenza.

Quasi tutte le riflessioni che ho sviluppato in questi anni sul mondo delle aziende, e che ho descritto nei miei libri, mi sono state suggerite (a volte anche in senso letterale) dalle mie conversazioni domestiche (molte in auto). Con mia moglie, che, in quanto psicoterapeuta familiare e dei gruppi, sostanzialmente fa il mio stesso mestiere. Con i miei figli, che crescendo hanno continuamente spostato l'equilibrio delle mie convinzioni più in là, su ogni argomento. E con tutti loro insieme, nelle sempre più rare, ma sempre più articolate occasioni in cui ci troviamo a parlare delle cose che ci accadono. Si dice che una famiglia ha l'età dei suoi figli. Sento questa verità sulla mia pelle. Ed è bello.

Questo libro è dedicato a una mia ossessione, l'ossessione per l'andare avanti.

Per anni ho pensato (e anche parlato) male delle piccole aziende italiane, in cui lavorano quattro o cinque dipendenti, tutti parenti tra loro, e ho sostenuto che uno dei mali del nostro paese fosse proprio il nanismo del suo tessuto imprenditoriale.

Ma poi mi sono ricreduto. E mi sono ricreduto per due motivi. Il primo è che le dimensioni grandi di un'azienda non sono affatto garanzia di immunità dai problemi tipici delle microimprese. Il secondo è che ho incontrato piccole aziende con grandi ambizioni e ho messo a fuoco meglio il problema: il punto non sta nelle dimensioni ma nelle intenzioni.

E qui il parallelo con la crescita dei figli, dei genitori e della famiglia nel suo insieme si è materializzato davanti ai miei occhi, sostenuto da quel che mi accadeva intorno, in casa, e dalle parole di chi me lo spiegava domenica dopo domenica, stagione dopo stagione, figlio dopo figlio.

Crescere non è una questione di numeri per le aziende, come non è questione di centimetri o di chilogrammi per le persone.

Crescere è una questione ben più complessa, che ha molto più a che fare con la completezza e con l'integrazione che con le dimensioni. Con lo sguardo, con la cultura, con le parole, con le esperienze, con gli incontri. E soprattutto con la possibilità che concediamo a tutti questi fattori di influenzarci e di cambiarci.

Esiste però una differenza fondamentale, credo, tra il crescere di un individuo e quello di un'azienda.

Un individuo ha un suo ciclo di vita con un inizio e una fine. La felicità sta nel godere della bellezza di ogni età, senza rimpiangere troppo quelle passate e senza trattenere troppo il fiato in attesa di quelle future, ma comunque accettando il fatto che tutto avrà una fine. Si continuerà a svolgere una funzione simbolica anche dopo. Si verrà ricordati, si spera. Ma certamente si verrà sostituiti.

Un'azienda, invece, dovrebbe pensare di non avere mai una fine. Dovrebbe progettare la sua eternità o almeno la sua longevità oltre quella dei suoi fondatori e dei suoi leader pro tempore.

Qui spesso sta l'origine di tanti problemi. Problemi che non riguardano solo le poche centinaia di imprenditori che si trovano nella difficile posizione di gestire il *tempo futuro* della propria azienda, ma anche i milioni di persone la cui felicità, serenità e realizzazione dipendono dalle scelte, a volte lungimiranti, altre volte improvvisate, di quelle poche centinaia, cui il destino e un notaio hanno lasciato in eredità questo dovere.

La radice dei problemi sta nel fatto che chi è temporaneamente a capo di un'azienda non pensa al tempo dopo di sé. E, proprio come se tutto finisse con lui o con lei, non progettando la crescita, ovvero la longevità della propria azienda, ne determina la fine.

La radice della soluzione, per converso, sta nel capire che la bellezza delle aziende consiste proprio nel fatto che "vanno avanti", che ci sopravvivono, che continuano dopo di noi. E che il compito di chi le guida dunque è sostanzialmente uno solo: assicurare la continuità di questa vicenda, contribuendo a migliorarne le sorti. Assicurare il *futuro* e non controllare tutti gli aspetti del *presente*, né certamente contemplare il *passato*.

Un individuo cresce e sviluppa sempre più autocoscienza, autoconsapevolezza, matura esperienze, crea relazioni e, se è fortunato, gode dei frutti delle diverse stagioni, che sa che non si ripeteranno. Accetta la vecchiaia e l'idea che tutto ciò che ha avuto un inizio avrà una fine. Almeno fisica.

In azienda è diverso. L'azienda può, se vuole, crescere senza mai invecchiare: ogni volta che una generazione invecchia, l'azienda può saltare sulle spalle della nuova generazione e, quando anche quelle spalle si faranno troppo deboli o curve, potrà saltare su quelle, giovani, dritte e forti, della generazione successiva.

Questo significa che il passato e i "vecchi" in azienda non hanno un ruolo? Assolutamente no. Parlerò della funzione fondamentale dell'identità, della cultura, dei valori, dei miti fondativi e dei racconti delle generazioni precedenti. Il passato e con esso i "vecchi" che lo hanno realizzato hanno un ruolo importante in azienda, un ruolo che però non può essere mantenuto inalterato nel tempo. Il passato deve tenere per mano il presente perché realizzi il futuro, ma a un certo punto la mano grande del padre deve lasciar andare quella del figlio, che prima era piccola e cercava supporto e poi è divenuta grande e adulta. Allora il padre si ritirerà, soddisfatto; eserciterà sempre la sua funzione, anche dopo il suo ritiro, anche dopo la sua scomparsa, non foss'altro che per il suo portato simbolico. E il figlio, forte dello sguardo e dell'incoraggiamento paterno, camminerà da solo. Senza mai esserlo davvero. Il tempo passato vivrà nel tempo presente, in esso integrato, e contribuirà a generare il tempo futuro. Ma per farlo, il padre deve accettare di cambiare la sua funzione, il suo ruolo. E accettare di lasciar spazio, di lasciar andare.

Sia per gli individui che per le aziende crescere comporta mantenere i sensi attivi: gli occhi spalancati per continuare a vedere, accettando che ciò che vediamo condizioni lo sguardo ma non lo stravolga; le orecchie pronte a cogliere il rumore delle novità, senza continuare a pensare, come da ragazzi, che siano sempre portatrici di miglioramento, ma senza neanche pensare, come i cinici, che siano altrettante minacce; il tatto, pronto a toccare la realtà che ci viene incontro e anzi ad andarle incontro, senza mai ritrarsi, come fanno i "vecchi" alla fine del loro inverno, in una stanza di cui conoscono tutto e che non potrà insegnar loro nulla di nuovo; l'olfatto, allenato a riconoscere il profumo delle cose belle e il cattivo odore di quelle da temere; e, soprattutto, il cuore e l'animo ben disposti ma non ingenui nei confronti degli altri e di ciò che ci propongono.

Forse crescere per le aziende significa, in fondo, passare dall'adolescenza dei fondatori all'età adulta degli eredi, senza mai davvero invecchiare. Mi piace il paragone tra fondatori e adolescenti e tra eredi e adulti. All'adulto che non è stato adolescente manca qualcosa. Ma l'adolescente che non diventa adulto, quando smette di essere divertente è stucchevole. L'egocentrismo dell'adolescente è funzionale al suo sviluppo, come quello del fondatore lo è per lo sviluppo iniziale dell'impresa. Se però l'egocentrismo del fondatore non lascia spazio all'età adulta degli eredi, alla generazione di senso collettivo, si trasforma in egoismo e a lungo andare rattrappisce. E con esso l'azienda tutta.

Credo che il bello delle aziende "cresciute" sia proprio questo: integrare la fame di futuro dei giovani con la generatività e l'equilibrio degli adulti e con i racconti e la postura dei "vecchi".

È un equilibrio delicato ma se lo si raggiunge è bellissimo, proprio come quando in famiglia si riesce a godere sia della vita adulta dei figli senza diventarne gelosi sia dei ricordi dei "vecchi" senza esserne schiacciati.

Crescere è dunque lo scopo. Di questo parleremo nel libro. Ma, spero sia già evidente dopo questa breve introduzione, un crescere che ha molto più a che fare con lo sguardo che con i numeri.

1.
Racconti

"Mi racconti di lei." Quante volte usiamo questa espressione in un incontro conoscitivo con una persona che vediamo per la prima volta. "Raccontami!" chiediamo spesso alle persone che conosciamo ma da cui vogliamo essere aggiornati su un tratto della loro vita, della loro esperienza.

Il racconto come mezzo per descrivere le proprie esperienze di leadership. Di questo vorrei parlare in questo capitolo. Anche per cercare di uscire da un grande equivoco sulla leadership. L'equivoco che porta molti a sovrapporre il concetto di leadership con quello di leader.

Confondere la leadership con la figura del leader è un errore assai frequente, errore in cui tutti coloro che hanno parlato e scritto di leadership sono incappati, nessuno escluso. La leadership però non è una dote, è un processo, è una serie di accadimenti, innescati da una particolare energia, che coinvolgono più soggetti appartenenti a una stessa organizzazione sociale. Esiste, infatti, un contesto all'interno del quale la leadership nasce, si sviluppa, matura e produce i suoi effetti. Ci sono gli attori di questo processo, alcuni in posizione più visibile, altri meno.

Esiste un punto di partenza e un punto (seppur temporaneo) di approdo del processo di leadership. Ma dove c'è un punto di partenza e un punto di arrivo, lì c'è una storia. E se c'è una storia, questa può essere raccontata.

La leadership come racconto è una bella metafora, perché il racconto è quasi sempre inclusivo di una pluralità di soggetti e scegliere il racconto come strumento per descrivere il percorso di leadership di un'organizzazione ci allontana dal rischio di sovrapporre leadership e leader, permettendoci di allargare il campo dell'osservazione fino a includere tutti i soggetti dell'organizzazione stessa.

Anche i racconti però possono portare fuori strada, soprattutto se consideriamo il fatto che forse la forma più diffusa e universalmente sfruttata di narrazione è proprio quella del "viaggio dell'eroe", che induce il lettore a focalizzare la sua attenzione sulla figura individuale dell'eroe, del leader dunque, più che sul fenomeno collettivo della leadership.

Analizziamo questa struttura di racconto e le sue frequenti applicazioni in campo manageriale.

Il leader come eroe

Il racconto più frequente in tema di leadership è quello del *leadership journey*, il "viaggio dell'eroe". *Viaggio (e ritorno)* è il principale dei sette plot narrativi classici, riassunti molto efficacemente da Christopher Booker nel suo libro *The Seven Basic Plots* del 2004. Lo schema specifico di "viaggio dell'eroe" era stato portato all'apice della fama da Christopher Vogler già nel 1992 nel suo libro intitolato appunto *Il viaggio dell'eroe*, in cui delinea in maniera chiara e pragmatica lo schema e le tappe di quello che, dall'*Odissea* ad *Avatar*, rimane lo schema narrativo più potente e dunque più popolare al mondo.

Un conto, però, è il cinema, un altro conto è la realtà.

Il problema, infatti, è che molti leader, nella realtà, si raccontano come eroi che hanno affrontato un viaggio, sconfitto nemici assistiti da coprotagonisti, risolto enigmi, superato ostacoli per giungere immancabilmente al successo (altrimenti non sarebbero lì a raccontarla, si potrebbe anche dedurre). E non sono solo i leader ad autopercepirsi come viaggiatori eroici. Molti manuali di leadership, molti testi, corsi di formazione, il linguaggio stesso della leadership, forse già il linguaggio usato da molti genitori o persino dagli insegnanti con i bambini inducono all'equivoco che la leadership sia affare di pochi e che sostanzialmente consista nel brandire la spada davanti al nemico e portarsi da un punto di partenza, solitamente non soddisfacente, a un punto di approdo, solitamente migliore. Persino i colloqui di selezione spesso inducono il candidato a raccontarsi come un eroe che ha affrontato il viaggio e superato tante difficoltà prima di arrivare a destinazione.

A conferma di quanto diffusa sia questa visione della leadership e delle vicende delle aziende, prenderò in esame il caso più eclatante di leadership aziendale in Italia degli ultimi anni, quello di Sergio Marchionne e della trasformazione della Fiat. Lo farò con circospezione e cautela perché non ho mai incontrato Marchionne né ho mai messo piede in Fiat. Ma dato che il focus del mio discorso è la narrazione, non è necessario essere stati sul set per giudicare un film.

Il *leadership journey* di Marchionne nel gruppo Fiat comincia nel 2004. La Fiat, come dicono i giornalisti economici, è tecnicamente fallita, espressione usata per indicare lo stato comatoso di un'azienda, che se fosse più piccola e meno rilevante sarebbe già fallita, ma che il sistema finanziario e politico cercano di tenere in vita perché appunto "troppo grande per fallire". Nel 2004 la Fiat perde circa cinque milioni di euro al giorno e non sforna modelli di auto di successo da tempo immemorabile (di solito c'è una certa correlazione tra questi due fenomeni).

Quasi tutti gli osservatori sono concordi su quanto sia stato incredibile il salvataggio dell'azienda avvenuto all'inizio degli anni duemila, che si è realizzato principalmente grazie alla guida di Sergio Marchionne. Nei primi tre mesi del 2002, all'apice della crisi, Fiat bruciava cassa. Da anni non produceva modelli di successo e i suoi molteplici tentativi di costruirsi alleanze internazionali e aprirsi spazi nei mercati esteri erano falliti. La situazione era così grave che la famiglia Agnelli aveva trovato un accordo per vendere nel giro di pochi anni le sue quote alla rivale americana General Motors (Gm). Schiacciata dai debiti e da vendite sempre più irrisorie, Fiat sembrava destinata a un epilogo che solo pochi anni prima sarebbe stato impensabile: finire stabilmente in mani straniere, oppure fallire.

La crisi della Fiat aveva radici lontane: in ritardo nel mutato panorama industriale internazionale che di lì a poco avrebbe messo in difficoltà anche gruppi ben più grandi ed efficienti, per tutto il dopoguerra la Fiat aveva prosperato in Italia molto al riparo dalla concorrenza internazionale. Pur essendo la più grande società privata del paese, era considerata un bene strategico e quasi pubblico. Con l'apertura dei mercati internazionali e la relativa concorrenza, con l'integrazione europea e la conseguente riduzione degli aiuti di Stato nel corso degli anni novanta, la struttura stessa dell'azienda e il suo management storico non riuscirono più a far fronte allo scenario. La famiglia Agnelli era pronta a cedere l'auto al socio americano, il gruppo General Motors. Ma Gm – e questo rende bene l'idea della gravità della crisi – sborsò due miliardi di dollari alla Fiat pur di non dar seguito agli accordi che le avrebbero imposto di rilevare il 100% di Fiat Auto.

La svolta arriva nel 2004, quando muore l'ultimo degli esponenti della generazione del dopoguerra, Umberto, e la famiglia nomina appunto Sergio Marchionne, già nel consiglio di amministrazione del gruppo, Ceo di Fiat. Marchionne fino a quel momento non ha mai lavorato nel settore automobilistico né ha mai guidato un gruppo industriale della complessità e delle dimensioni di Fiat.

Marchionne, però, manifestò subito la propria leadership, impostando un grande cambiamento strategico e organizzativo: licenziò una lunga teoria di manager ai vertici del gruppo e li sostituì con uomini e donne, spesso giovani, di sua fiducia e pronti al cambiamento. Il tutto con un impellente senso di urgenza divenuto proverbiale. Nello stesso tempo procedette a un'intensa razionalizzazione del portafoglio, focalizzando tutti gli sforzi sull'auto e vendendo molte delle altre attività ("Il nostro mestiere è fare auto" divenne una delle frasi-mantra con cui conquistò l'azienda e anche i sindacati nella prima fase della sua gestione, quella del salvataggio della Fiat, appunto).

L'operazione di separazione consensuale con General Motors (condotta in porto con maestria) e i due miliardi di dollari che ne ottenne (con cui venne ripagata la parte più urgente del debito permettendo al gruppo di rimanere per il momento indipendente) furono il piedistallo su cui Marchionne poggiò le basi del rilancio successivo.

Nel 2005 la Fiat torna in utile e tre anni dopo è fuori pericolo e di nuovo sul mercato. Almeno temporaneamente.

La grande crisi finanziaria del 2008, infatti, esercitò una pressione fortissima sul settore automobilistico, già afflitto da eccesso cronico di capacità produttiva globale. C'erano troppe fabbriche di automobili e troppi operai nel mondo e – dopo la crisi del 2008 – le vendite crollarono. Tutti e tre i grandi gruppi americani, Chrysler, Gm e Ford, entrarono in crisi. Fiat – sosteneva Marchionne in quegli anni di crisi del settore – era troppo piccola e anche dopo la crisi sarebbe rimasta troppo piccola per poter affrontare il cambiamento dei consumi, dei modelli e i necessari investimenti in ricerca e sviluppo. Per di più aveva troppe fabbriche e troppi operai per i volumi di vendita che avrebbe avuto nel futuro.

Serviva una fusione. Non la trovò in Germania, con la Opel, per l'opposizione di governo e sindacati, ma in America, con il governo Obama e i sindacati dei metalmeccanici che sponsorizzarono, anche finanziariamente, la fusione tra Fiat e Chrysler. Nel 2009, solo pochi anni dopo il discusso salvataggio della Fiat in Italia, il gruppo torinese sostanzialmente acquisisce la Chrysler, il più piccolo e malconcio dei tre storici gruppi automobilistici di Detroit. Nei cinque anni successivi la Fiat restituisce i prestiti al governo americano e diventa Fiat Chrysler Automobiles (Fca). Torino torna a essere una delle capitali mondiali dell'auto.

Qui siamo forse all'apice del successo manageriale di Sergio Marchionne. In meno di dieci anni porta un gruppo fallito e orfano, guidato da una generazione di imprenditori giovani, che, come spesso era capitato agli Agnelli, aveva saltato un'intera generazione a causa di morti precoci (Giovannino, Edoardo), al successo internazionale.

Secondo alcuni la fusione con Chrysler e lo spostamento della produzione di modelli Chrysler come la Jeep dal Nord America in Italia hanno consentito il salvataggio almeno parziale delle operazioni industriali italiane del gruppo che, senza questa alleanza americana, sarebbero state spazzate via dalla concorrenza internazionale.

Salvata la Fiat e fatta la fusione con la Chrysler, che portava il gruppo finalmente a superare la soglia dei quattro milioni di automobili prodotte all'anno, restava sul tavolo il problema strategico più grande: l'Italia. Come disse Marchionne con la ruvidezza che lo contraddistingueva, l'Italia era una perdita secca per il gruppo. Sarebbe convenuto chiudere le fabbriche italiane. La risposta della Fiat fu diversa. Dura ma diversa. Il piano "Fabbrica Italia" prevedeva venti miliardi di investimenti negli stabilimenti italiani in cambio però dell'applicazione dei metodi di lavoro che il gruppo Fca applicava in tutto il mondo (il cosiddetto World Class Manufacturing) nelle fabbriche italiane. In una fabbrica americana del gruppo si producevano molte più automobili al giorno rispetto a quelle prodotte in una fabbrica italiana e questo, in un gruppo globale, era diventato economicamente insostenibile. La battaglia fu anche politica e sindacale perché Fiat, per essere libera di adottare i nuovi metodi, uscì da Confindustria, negoziò direttamente con i sindacati e passò dai referendum tra i lavoratori delle singole fabbriche, che vinse, seppur di misura.

Marchionne nel 2004 trovò un'azienda regionale sull'orlo del fallimento e quattordici anni dopo la lasciò in salute, con un valore azionario moltiplicato, una forte presenza internazionale e una ancora significativa in Italia, che molti ritenevano impossibile mantenere. Come ha sintetizzato con gratitudine John Elkann, presidente di Fca, le cui azioni sono aumentate dieci volte di valore negli ultimi anni, "Marchionne ha salvato la Fiat e l'ha portata nel mondo".

Marchionne muore nel luglio del 2018. Dopo soli diciotto mesi, Fca si fonde con Psa (marchi Peugeot, Citroën, Opel e altri) e nel 2020 prende il nome di Stellantis.

In queste pagine non esaminiamo la performance della Fiat, non parliamo di strategie industriali né analizziamo il settore automobilistico (*Marchionne lo straniero*, del giornalista economico Paolo Bricco, è un buon libro per capire questi aspetti). Qui parliamo di leadership e, anzi, in questo capitolo non parliamo neanche di leadership ma di racconti di leadership. Quindi, in questo contesto, non ci interessa fare un bilancio tecnico dell'era Marchionne né tanto meno della sua eredità e di quel che è successo dopo la sua scomparsa. In queste pagine ci interessa solo la narrazione che dei quattordici anni di leadership di Marchionne si fa nei libri, negli articoli di giornale, nelle riviste di management e nei convegni.

Partiamo dunque dagli attori del racconto.

Credo che ci sia poco da discutere sul fatto che ci troviamo di fronte a un racconto (il salvataggio della Fiat) che ha al centro la figura salvifica dell'eroe solitario. È il racconto di un uomo solo al comando, che con le sue doti e le sue virtù, nella vulgata più diffusa e sostenuta dalla stessa famiglia principale azionista del gruppo, prende le redini di un'azienda enorme e tecnicamente fallita, spenta e rinunciataria, e in poco più di una decina d'anni riesce non solo a salvarla, ma anche a portarla sulla ribalta internazionale.

E le tappe del "viaggio dell'eroe"? Nel racconto, sono visibili quasi tutte quelle classiche.

C'è il "mondo ordinario", classica prima tappa del viaggio di ogni eroe. Marchionne viveva nella comoda e pulita Svizzera, era a capo di una tranquilla società elvetica, la Société Générale de Surveillance S.A. (Sgs), leader mondiale nei servizi di ispezione, verifica, analisi e certificazione: una situazione che, vista da lontano, non sembra molto stressante. Assomiglia piuttosto a una di quelle scene iniziali dei tanti film americani di avventura (ricordate quando il professor Indiana Jones, per esempio, va a lezione all'università e sembra un qualunque docente di una qualunque scuola?), in cui il protagonista si presenta come un uomo comune, che conduce una vita normale, ordinaria e anzi piuttosto noiosa.

Poi arriva la "chiamata". Muore Umberto Agnelli, la Fiat sta per fallire e la famiglia vuole Marchionne a capo del gruppo.

Siamo alla "prima soglia", la prima prova di abilità: l'accordo con la General Motors. L'eroe si lancia nel viaggio, non può più tornare indietro ma viene subito ostacolato da alcuni attori ostili. La Gm non intende dar seguito agli accordi e non vuole più rilevare la parte automobilistica del gruppo. Ma l'eroe trasforma i primi nemici in alleati, convincendoli a pagare due miliardi per recedere dal contratto e ottenere quel che chiedono. Questi soldi serviranno a finanziarie le tappe successive del viaggio.

Comincia il secondo atto del viaggio, con le tante prove, i vari nemici e i diversi alleati: i dirigenti storici licenziati in tronco, i sindacati che all'inizio lo apprezzano, la Merkel che lo ostacola, la crisi globale della finanza e del mercato automobilistico e i volumi di vendita che crollano, le fabbriche in eccesso, la cassa integrazione. Ma poi arriva la svolta positiva con Obama, l'eroe della politica globale di quel decennio, che gli vende niente meno che una parte della Chrysler, uno dei gioielli, anche se molto ammaccato ormai, della storica industria automobilistica americana di Detroit. Marchionne risveglia in tutti noi l'archetipo di Garibaldi, l'eroe italiano che non solo vince in Italia ma addirittura nelle Americhe. Non ci siamo abituati. Eroe dei due mondi. Le foto di un italiano che cammina in maglioncino blu accanto a Barak Obama negli stabilimenti americani della Chrysler colpiscono l'immaginario collettivo italiano. Anche gli scettici provano un mal celato orgoglio nazionale. Già prima di queste scene, l'"Economist" (prima di essere acquisito dalla famiglia Agnelli) parla di "miracolo a Torino".

Ora l'eroe che ha vinto in America si avvicina alla "caverna più profonda", l'Italia, dove la Fiat perde ancora soldi e guadagnerebbe denaro se solo chiudesse tutto e uscisse dal paese. Deve affrontare le fabbriche italiane, i sindacati metalmeccanici italiani, Confindustria e la classe politica italiana. Un lavoro immane, che abbatterebbe il purosangue più forte del mondo. Puoi aver vinto in America, persuaso Obama e sedotto gli operai di Detroit, ma in Italia è un'altra storia. Comincia "la prova centrale", la più difficile. Il nostro eroe sfodera l'arma segreta "Fabbrica Italia" e supera di slancio anche questa sfida, vincendo persino i referendum contro la Fiom-Cigl.

E arriva così il momento della "ricompensa": Fiat rileva il 100% di Chrysler e diventa Fca. La Fiat è salva, la Fiat è nel mondo.

Se non è un "viaggio dell'eroe" questo, difficile immaginarne un altro. Il racconto che della vicenda Marchionne si è soliti fare è in effetti centrato quasi esclusivamente sulla figura dell'eroe, che rinuncia alla sua comoda normalità per gettarsi nel "mondo speciale", dove affronta e supera sfide disumane e poi torna al suo "mondo normale" (Marchionne stava per andare in pensione prima di essere colpito dalla malattia che lo ha condotto alla morte). Sì, certamente, ogni tanto si parla e si narra dei "Marchionne boys", ma solo in quanto emanazioni della leadership del capo. Il racconto non è quello di un team, né tanto meno quello di una collettività in marcia. Il racconto è quello di un miracolo. E i miracoli di solito li fanno i santi, notoriamente "ditte individuali".

Ma è possibile?

È possibile che un gruppo di più di trecentomila dipendenti in tutto il mondo, con fabbriche in America, in Messico, in Europa, in Brasile oltre che in Italia, un gruppo con più di cento anni di storia, che è stato simbolo, nel bene e nel male, del capitalismo industriale italiano per decenni, guidato da quella che da molti è sempre stata indicata come la casa regnante della nostra Repubblica, è possibile che tutto questo sia rimasto per quasi tre lustri nelle mani di un solo uomo che, con le sue doti, le sue capacità, la sua volontà, la sua energia e le sue decisioni, ne ha segnato il destino, prima salvandolo da morte (o vendita) certa e poi addirittura lanciandolo sul panorama globale e ponendo le basi per l'integrazione del polo italiano nel gotha del settore automobilistico mondiale? È possibile che le cose siano andate veramente così?

Prima di cercare una risposta a questo interrogativo, facciamo un'apparente digressione.

Se la leadership è un racconto o se della leadership si può fare racconto, è il momento di approfondire il concetto di racconto. Nelle pagine precedenti abbiamo stabilito una correlazione immediata, quasi univoca, tra racconto di leadership e "viaggio dell'eroe". Ma se scoprissimo che esistono più tipi di racconto, forse potremmo concepire più modelli di leadership.

Proviamo a vedere se la narratologia ci viene in soccorso.

Tre tipi di racconto

Se c'è una storia, c'è un inizio, una fine e qualcosa che accade nel mezzo. Come abbiamo visto analizzando lo schema del "viaggio dell'eroe", quel che accade nel mezzo consiste in una trasformazione che, sul piano della narrazione, è la parte centrale del racconto, quella più avvincente, e sul piano più profondo è la trasformazione che in ciascuno di noi viene innescata dalla sequenza di eventi che attraversiamo con un forte grado di coinvolgimento e di esposizione.

Ma il differente rapporto che si instaura tra il protagonista, il contesto, il punto di partenza e il punto di arrivo determina, secondo la struttura classica dei racconti, almeno tre tipi di storie.

La favola

Il primo tipo è la favola. La favola è quel tipo di racconto in cui un protagonista parte da una realtà ordinaria, come l'eroe, e affronta il suo viaggio attraversando una trasformazione a volte radicale, pericolosa, profonda della realtà, del contesto circostante, ma, imperturbabile e fedele a se stesso, giunge a destinazione integro, intonso, identico a come era partito. Una favola, appunto. Perché è veramente raro trovare un essere umano che riesca ad attraversare una sequenza di eventi drammatici, coinvolgenti, profondi senza cambiare, almeno in parte, prospettiva, atteggiamento, senza evolvere. Per questo è una favola, appunto.

Pensiamo a *Cenerentola*. Come punto di partenza, abbiamo una giovane sfortunata che, pur vivendo in uno stato di umiliante servitù, fischietta gioiosa in compagnia di topolini e passerotti e non mostra mai risentimento neanche quando è vittima delle peggiori manifestazioni di crudeltà immaginabili. Poi si dipana una trama (quel che sta in mezzo tra l'inizio e la fine) in cui a questa povera ragazza succede di tutto, tra incarichi impossibili da completare, vestiti strappati, scarpetta persa, clausura in camera da letto, scarpetta ritrovata ma subito distrutta. E infine, come punto di arrivo, troviamo la nostra meravigliosa creatura che sposa il suo principe, con la stessa disposizione d'animo con cui la storia era cominciata, sempre serena, sorridente, generosa e benevolente con tutti, anche con i suoi nemici.

Ora la domanda è questa: chi di noi non avrebbe cavato gli occhi a due sorellastre come quelle che sono toccate in sorte a Cenerentola? Molti di noi lo avrebbero fatto e infatti i fratelli Grimm così scrissero il finale della fiaba originale: alla festa di matrimonio parteciparono anche le sorellastre, ma due colombe che si erano poggiate sulle spalle di Cenerentola da lì prendono il volo e cavano un occhio a ciascuna delle due sorellastre prima della cerimonia e, particolare ancora più inquietante, l'altro occhio dopo la cerimonia. In verità, neanche in questa versione della favola Cenerentola è artefice della terribile vendetta... ma diciamo che non si oppone, non richiama subito le colombe a sé prima che la portino a termine.

Nella versione di Disney, invece, la nostra giovane protagonista lascia lo stato iniziale, attraversa la trama e arriva al punto finale del racconto senza minimamente cambiare la sua disposizione d'animo, rimanendo sempre identica a se stessa.

La tragedia

Dalla Disney degli anni cinquanta andiamo indietro di qualche anno alla Manhattan dei secondi anni quaranta e al *Padrino* di Francis Ford Coppola tratto dall'omonimo romanzo di Mario Puzo.

Proviamo ad analizzare la vicenda di Michael Corleone sulla base dei tre elementi che abbiamo esaminato anche a proposito di Cenerentola: il punto di partenza, il punto di arrivo e ciò che accade nel mezzo.

Il punto di partenza è quello di un ragazzo americano, figlio di una famiglia siciliana di prima generazione che aveva però adottato in tutto la cultura americana. Nella prima scena del film in cui lo vediamo, appare non a caso in divisa da veterano, una delle figure retoriche (il *vet*) che più americane non ci sono nella cultura a stelle e strisce. Ha frequentato il college, ha sposato i valori del suo nuovo grande paese, in cui è nato, si accompagna a una donna pienamente *wasp* e non ha mai partecipato ai loschi affari della sua famiglia.

Il punto di arrivo vede Michael prendere il posto del padre e diventare il capo della famiglia mafiosa Corleone di New York, che fa uccidere il cognato e persino suo fratello maggiore, oltre a separarsi dalla moglie, che abortisce per non dargli un altro erede, e a perdere nel terzo atto della saga la sua amatissima figlia. Una vera... tragedia!

Nel mezzo cosa succede? Succede ovviamente di tutto. Guerre di mafia, lotte di potere tra luci e ombre della società americana di quegli anni e poi attentati in Sicilia, intrighi in Vaticano, fallimenti di banche e truffe internazionali.

Cosa colpisce della storia di Michael Corleone rispetto a quella di Cenerentola? Entrambi partono da uno stadio iniziale di relativa serenità. Entrambi hanno una coppia genitoriale con qualche complessità: il papà di Cenerentola si sposa con una donna terribile e il papà di Michael è uno dei più grandi mafiosi di New York. Entrambi i nostri eroi vengono risucchiati in vicende articolate, il contesto intorno a loro cambia rapidamente e drammaticamente.

Entrambi, attraversato questo cambiamento, giungono al termine della storia vivi. Ma mentre Cenerentola è identica a se stessa, Michael è un'altra persona. Michael ha smarrito la propria identità. Ha tradito tutti i valori che, almeno all'apparenza, sembrava rappresentare quando è entrato in scena. Il cambiamento esterno, del contesto, non ha neanche scalfito Cenerentola e la sua bontà. Ha invece trasfigurato completamente Michael Corleone, fino a uccidere il Michael originale e a sostituirlo, per così dire, con un'altra persona alla fine della storia. Una vera tragedia.

Quel che rende una tragedia tale, dunque, non è il punto di partenza, non è la complessità o la tragicità degli eventi che accadono nel mezzo della storia, ma è l'esito, o, per meglio dire, l'impatto che gli eventi, alla fine, avranno sul nostro protagonista: nella favola, l'impatto è inesistente; nella tragedia è totale, al punto da far smarrire al nostro eroe, al nostro leader, la sua identità, la sua essenza.

Il lieto fine

Per parlare di un tipo di storia (e quindi di un *leadership journey*) né fiabesco né tragico, lasciamo l'America di Disney e di Puzo e torniamo in Italia, precisamente nella Toscana della seconda metà dell'Ottocento e parliamo di Pinocchio e delle sue avventure.

La storia la conosciamo tutti. Ma analizziamola con le nostre tre lenti, quella del punto di partenza, del punto di arrivo e di ciò che succede in mezzo. Il punto di partenza è un burattino viziato e ingrato che pensa solo a godersela anche a spese del povero vecchio padre. Il punto di arrivo è un vero bambino cresciuto che si prende cura del papà e anche della fata, lavorando e studiando. Una trasformazione totale che Collodi, a scanso di equivoci, si è premurato di rendere anche fisica, trasformando la sostanza del nostro eroe, che da burattino di legno diventa "fatto di carne e ossa". E in mezzo accade di tutto, mille tentazioni, mille occasioni di disobbedire, di mentire, che il burattino non manca di cogliere. Un viaggio di crescita e maturazione progressiva, finché il nostro protagonista non diventa un piccolo uomo responsabile.

Ora proviamo a confrontare il Pinocchio della fine della storia con la Cenerentola e il Michael Corleone della fine delle loro rispettive storie. Cenerentola non cambia, perfetta e benevolente era prima della storia e perfetta e benevolente rimane alla fine. Corleone cambia al punto da rinnegare la propria identità: è un'altra persona, da eroe di guerra americano diventa un capomafia italoamericano. Pinocchio cambia ma non perde la sua natura, non rinnega se stesso, piuttosto cresce, evolve.

Se la leadership è un viaggio, un percorso, da un punto A a un punto B, chi dei tre personaggi è il miglior leader? Chi compie il viaggio migliore? Chi genera un cambiamento in sé e attorno a sé più credibile e più solido?

Non c'è dubbio che Pinocchio, con la sua storia formativa a lieto fine ma credibile, rappresenta la storia di crescita più solida. E se la funzione della leadership è una funzione di crescita e di gestione del cambiamento, non c'è dubbio alcuno che Pinocchio sia il leader migliore dei tre che abbiamo esaminato.

Pinocchio apprende dal contesto esterno, se ne fa condizionare, si dimostra permeabile ad esso. E il contesto che Collodi descrive intorno al nostro piccolo burattino di legno non è certamente facile né sereno. È metafora, a tratti neanche troppo lontana, di una condizione infantile del diciannovesimo secolo molto dura, in cui forze crudeli in una società che non tutelava affatto i più deboli esercitavano un condizionamento forte e negativo sull'infanzia. Ma Pinocchio non fa come Michael Corleone, che pure subisce l'influenza di un contesto esterno molto negativo e pericoloso. Pinocchio non perde la sua anima e usa l'energia del contesto esterno per crescere, per evolvere, per diventare una persona più grande, che non rinnega il burattino ma lo supera e lo ingloba. Corleone, vincendo le sue guerre di mafia, è sconfitto come giovane e diventa un vecchio infelice. Pinocchio, perdendo le sue piccole battaglie contro i tanti cattivi che incontra, è vittorioso e diventa un giovane felice e responsabile.

Ma Pinocchio non fa neanche come Cenerentola: di fronte alle mille prove del contesto esterno, cresce e si trasforma e, anzi, grazie alla sua trasformazione personale stimola anche la trasformazione del suo babbo, che torna a essere arzillo e felice. Cenerentola è immobile e non cambia. Pinocchio si muove, cresce e genera un cambiamento positivo intorno a sé.

Basterà rileggere queste tre storie, ora, con le lenti e le categorie mentali della leadership e, sforzandosi di traslare le diverse dinamiche nella apparentemente diversissima vita aziendale, si capirà quanto la metafora del racconto possa spiegare in realtà delle nostre vicende di manager o comunque di leader di gruppi.

Cosa è, infatti, il nostro percorso di leader se non il viaggio da un punto di partenza a un punto di arrivo, con in mezzo una serie di eventi? Cosa sono i problemi di mercato, organizzativi, legislativi, l'inflazione, i clienti, i concorrenti se non altrettante vicende che accadono intorno a noi, le prove che dobbiamo superare, mentre noi ci sforziamo di andare avanti dal nostro punto A al nostro punto B? E cosa sono i nostri compagni di lavoro, i nostri capi, i nostri collaboratori, i nostri colleghi, clienti o fornitori, se non quelli che in una storia chiameremmo gli alleati, gli assistenti, il mentore, i messaggeri, i guardiani della soglia, gli imbroglioni e via dicendo?

Non è mania di storytelling, è la semplice constatazione che le vicende degli uomini sono tali perché si possono raccontare. E che dove c'è un racconto c'è un viaggio, una trasformazione. E che se la leadership è un fenomeno relazionale tra esseri umani, essa è per definizione un percorso di trasformazione. E come tale può essere raccontata, e per questo gli schemi e gli strumenti della narrazione possono essere usati per analizzare le storie di leadership.

Cosa che, con discrezione e accortezza, proveremo a fare nelle pagine che seguono.

E Marchionne?

Ora siamo pronti per cercare una risposta all'interrogativo posto qualche pagina fa circa la possibilità che una vicenda industriale, sociale e storica complessa come quella della Fiat sia stata veramente risolta da un solo individuo al punto da dettarne la salvezza (anziché la morte) e la globalizzazione (anziché la marginalizzazione e la vendita).

Partiamo da una ultra-schematizzazione dei meriti chiave di Marchionne in Fiat. Possiamo ascrivere all'epoca Marchionne il merito di aver 1) rifocalizzato la vecchia Fiat sul fare meglio il mestiere dell'auto (riducendo la diversificazione del gruppo); 2) scommesso sulla fusione con Chrysler (per creare un player globale competitivo tra i grandi del settore); 3) trasformato il modello industriale della Fiat in Italia, rendendolo più competitivo ed efficiente; 4) cambiato la cultura aziendale, introducendo un dinamismo, un orientamento alla performance e una internazionalizzazione della mentalità senza precedenti; 5) aver condotto con tutto ciò il gruppo Fiat a un ritrovato equilibrio finanziario, tale da renderlo accettabile come partner per successive fusioni, che sono poi avvenute dopo la morte di Marchionne. Non poco come bilancio, non c'è che dire.

Ora cerchiamo di capire cosa era successo nel mondo, nella società e nell'economia (e anche in Fiat) nei decenni precedenti e qual era il contesto in cui si muoveva Marchionne ed esercitava la sua leadership.

Almeno tre elementi sono degni di nota in questo senso. Il primo è la globalizzazione dell'economia e dei mercati. A partire dall'ormai celeberrimo ingresso della Cina nell'Organizzazione mondiale del commercio nel 2001, si apre l'epoca in cui a spostarsi da una parte all'altra del pianeta non sono più le merci, ma anche le persone e le fabbriche. La globalizzazione e l'integrazione dell'economia mondiale, l'interdipendenza dei vari paesi del mondo gli uni dagli altri, delle diverse aziende le une dalle altre, hanno creato un nuovo contesto, in cui, grazie anche a una logistica sempre più efficiente, economica e integrata, il mondo è diventato progressivamente un unico grande mercato. O quasi.

In questo mercato Marchionne ha potuto fondere un'azienda di Torino con una di Detroit e, soprattutto, spostare produzioni importanti da una parte all'altra dell'Oceano Atlantico, assicurando alle fabbriche italiane, per esempio, volumi di produzione che in realtà erano generati dal mercato americano. Questo rende la capacità di visione e la leadership del Ceo della Fiat meno importanti? Assolutamente no, ma se si racconta la sua storia, il suo viaggio, senza spiegare il contesto non si può capire bene la vicenda.

Il secondo elemento di contesto è lo stato di salute e di sviluppo in cui si trovavano i sindacati in Italia negli anni dieci del ventunesimo secolo e, più in generale, la struttura del corpo sociale operaio nell'Italia di quegli anni, la sua autopercezione e la percezione che ne aveva il resto della società.

Prendiamo un dato tra i tanti per indicare quel che credo sia ovvio e condivisibile, e cioè che l'Italia che si affacciava al 2010 era un'Italia in cui il ruolo dei sindacati era di gran lunga inferiore rispetto ai decenni precedenti. L'Organizzazione per la cooperazione e lo sviluppo economico (Ocse) misura il livello di sindacalizzazione di un paese con un indice sintetico, il *trade union density* (che si muove da zero a cento). L'Italia del 2010 aveva un indice di sindacalizzazione pari a 35,5, che può sembrare alto soprattutto se confrontato con il dato della Francia (10,8), della Germania (18,9) o degli Stati Uniti (11,9), ma che in realtà era crollato dal 50 della fine degli anni settanta del secolo scorso, tornando a valori molto simili a quelli del decennio precedente alle lotte sindacali dell'autunno caldo. È come dire che l'Italia del 2010, e con essa l'autopercezione del ceto operaio e la rilevanza delle organizzazioni sindacali, somigliavano più alla situazione dei primi anni sessanta che a quelle degli anni ottanta o novanta.

In questo contesto, Marchionne esce da Confindustria (che è un po' come se Milano chiedesse di uscire dalla Lombardia) e chiede agli operai di Pomigliano d'Arco e di Mirafiori di adottare l'organizzazione del lavoro americana. E gli operai nel referendum danno ragione a lui e non alla Fiom. Poteva succedere nell'Italia degli anni settanta? L'episodio che ricorda più da vicino questo è, sempre in casa Fiat, la marcia dei quarantamila del 14 ottobre 1980. Ma lì furono gli impiegati e i quadri a scendere in piazza contro l'occupazione delle fabbriche da parte degli operai. Segnò comunque un'epoca, ma non fu opera della classe operaia. Qui invece, nel 2010, saranno gli operai a votare a favore del piano industriale della Fiat, contro l'opinione del principale, storico sindacato metalmeccanico italiano.

Stessa domanda anche in questo caso: il contesto diminuisce la portata della leadership, dell'energia e della forza di Marchionne come leader? Niente affatto. Ma non si può spiegare né soprattutto capire l'operazione "Fabbrica Italia" senza inquadrarla nel contesto sociale e sindacale di quegli anni.

Il terzo elemento del contesto, o forse il primo per prossimità agli eventi, è dato dalla Fiat stessa. In quale azienda arrivò Marchionne nel 2004? Qual era il contesto interno in cui la sua leadership attecchì e si sviluppò?

La Fiat nel 2004 era un'azienda orfana, decapitata. Gianni Agnelli era morto nel gennaio 2003 (senza figli impegnati in azienda). Suo fratello Umberto era morto nel maggio 2004 (lasciando solo il figlio Andrea, all'epoca non ancora trentenne, impegnato nelle aziende di famiglia). Alla morte di Umberto, il Ceo Giuseppe Morchio chiede di diventare anche presidente, la famiglia rifiuta e Morchio lascia il gruppo nelle mani di John Elkann, nipote di Gianni, che all'epoca ha ventotto anni.

Nel 2004 la Fiat, lo abbiamo già detto, era virtualmente fallita. Chiuse il bilancio 2004 dell'auto con un rosso di un miliardo e mezzo di euro, dopo i quasi due miliardi di perdita dell'anno precedente. Il profitto operativo, cioè quello derivante dalle sole attività industriali e commerciali, era di ventidue milioni di euro, cioè zero. I debiti del gruppo erano quattordici miliardi di euro. L'azienda insomma era non solo indebitata fino al collo, ma la vendita dei suoi prodotti non generava alcuna cassa per ripagarli.

In questo quadro, un'azienda orfana e al collasso finanziario, si inserisce la figura di Marchionne. Ora la domanda, per l'ultima volta, è se la sua leadership acquisisca per questo meno valore, perché in sostanza "poteva fare quello che voleva" oppure se, proprio per questi motivi, guadagna ancora più rilevanza. Ripetiamolo ancora: la sua leadership non viene sminuita dalle condizioni di contorno, ma spiegare e capire la forza delle sue decisioni, specialmente in quei primi anni di guida del gruppo torinese, senza inquadrarla nel contesto interno di quei mesi non aiuta a comprendere il fenomeno.

La globalizzazione, la situazione politico-sindacale di quegli anni e quella interna della Fiat di allora sono alcuni degli elementi che hanno caratterizzato l'habitat nel quale è germogliata, maturata e ha dato i suoi frutti l'esperienza di Sergio Marchionne alla guida della Fiat.

I sostenitori della leadership come un "viaggio dell'eroe", figura solitaria e salvifica, chiamata dalle circostanze eccezionali a rinunciare alle comodità del "mondo normale" per lanciarsi nelle accidentate vie del "mondo speciale", troveranno in questa vicenda una delle più esemplari conferme delle loro teorie.

Chi, invece, si sentisse più erede di una concezione in cui il *genius saeculi*, come lo chiamavano i romani, o lo *Zeitgeist*, come lo tradussero i filosofi tedeschi, influiscono e condizionano le azioni e anche le idee degli individui, rimarrà convinto dell'indubbia forza e del grande impatto della leadership di un uomo come Marchionne, ma non potrà sottovalutare l'influsso decisivo del contesto e anche della squadra, in senso lato, di cui il Ceo della Fiat si circondò in quegli anni.

La leadership, in entrambe le interpretazioni, rimane un racconto. Più individuale e legato al viaggio di un eroe singolo, nel primo caso; più collettivo e caratterizzato da una trasformazione sociale, interna ed esterna, nel secondo. Una forza dell'individuo contro le condizioni esterne e le prove del destino, nel primo caso; una forza dell'individuo non meno potente, nel secondo caso, ma unita a quella della squadra, dell'azienda tutta e inserita all'interno del suo tempo e del suo spirito.

La differenza non sta, dunque, nel considerare il leader più o meno forte, più o meno leader, più o meno fortunato. La differenza sta nel considerare la leadership come un processo inclusivo di tutti i protagonisti e soprattutto inclusivo del contesto in cui il processo si svolge.

Intuire lo spirito dei tempi, del resto, o, detto in modo più semplice, trovarsi al posto giusto nel momento giusto non è una dote cui ogni leader dovrebbe forse ambire?

2.
Crescere

Se nel primo capitolo di un libro sul crescere ho voluto parlare di leadership e se ho parlato di leadership come racconto, è perché sono convinto che questi tre concetti, crescita, leadership e racconto, siano strettamente connessi tra loro. Ci può essere guida senza crescita? A cosa serve la guida, la leadership, se non a crescere, cioè a progredire verso un futuro migliore? E cosa sono i racconti, se non un procedere da un punto di partenza a un punto di arrivo, attraverso un percorso, più o meno accidentato? Ecco perché capire la struttura dei racconti può aiutare a capire le dinamiche profonde della leadership e analizzare a fondo la leadership chiarisce la sua finalità, che alla resa dei conti, a mio avviso, è sempre quella di crescere.

A questo punto, però, non possiamo più evitare di spiegare il concetto di crescita. O, meglio ancora, il concetto del crescere, che, essendo un verbo coniugato all'infinito, comunica la non finitezza dell'azione, mentre il sostantivo crescita potrebbe indurre nell'equivoco di considerare a un certo punto l'atto come compiuto e ritenersi dunque legittimati a smettere di crescere.

Cosa significa crescere per un gruppo e per un'azienda?

Sono anni che mi confronto con questo interrogativo e ogni volta scopro lati nuovi e prospettive diverse da cui osservare questo tema complicato e delicato. L'unico dato evidente è che non stiamo parlando della crescita dimensionale, del fatturato per capirci. O meglio, l'aumento delle dimensioni di un gruppo o di un'azienda, del fatturato, del numero delle persone che ne fanno parte, del numero di paesi in cui l'azienda o il gruppo operano, hanno a che fare con la crescita di cui parlo perché ne rappresentano le cause, non perché coincidono con essa.

Un'azienda può, cioè, aumentare di molto le sue dimensioni senza realmente crescere, esattamente come certe persone possono crescere anagraficamente e trasformarsi nel loro aspetto fisico senza realmente "crescere", come indica l'invito che molti eterni fanciulli si sentono rivolgere da genitori o partner esausti, che non si riferiscono certo alla loro altezza: "Ma quando ti deciderai a crescere?!".

Allo stesso modo, in senso opposto e contrario, un'azienda può crescere senza aumentare di molto le sue dimensioni, né economiche né geografiche né organizzative. Per questo credo che la crescita dimensionale sia un possibile detonatore della crescita vera dell'azienda ma non coincida necessariamente con essa.

Il punto centrale – così sono arrivato a pensare dopo tanti anni di pratica e di riflessioni – del tema della crescita non è quello delle dimensioni dell'azienda ma quello dell'evoluzione coerente della sua identità. Identità e crescita sono i veri poli della questione: la crescita, intesa come evoluzione della propria "personalità d'azienda", del proprio "atteggiamento" verso l'interno (le persone che lavorano in azienda, l'organizzazione) e verso l'esterno (il mercato, i clienti, i concorrenti, le persone), non ha a che fare con l'aumento delle dimensioni ma con l'evoluzione della propria identità. E con essa entra, potenzialmente e frequentemente, in collisione.

Identità e crescita sono il dilemma dell'imprenditore intelligente e lungimirante. Dove il termine crescita non si riferisce appunto alle dimensioni ma alla personalità dell'azienda. C'è chi non si pone il tema della crescita della personalità della propria azienda, perché soddisfatto della sua identità e della sua crescita dimensionale. E chi non si pone il problema della preservazione dell'identità della propria azienda, ansioso di aumentarne le dimensioni e di farne evolvere la personalità. In entrambi i casi si tralascia un elemento troppo importante: evolvere si deve e si può, ma senza dimenticare e tradire il punto di partenza, l'identità. Così come, all'estremo opposto, rispettare la propria identità si deve e si può, ma senza ignorare la necessità dell'evoluzione del corpo sociale di cui si è a capo.

Perché nasce un'azienda?

Per comprendere i termini di questa contraddizione potenziale tra identità e crescita, occorre tornare alla radice, all'origine dell'organizzazione. Bisogna sforzarsi di ricordare perché l'azienda o l'organizzazione è nata. Oggi si fa molta confusione con i termini, sia con quelli in italiano sia, a maggior ragione, con quelli in inglese, che vengono spesso usati per scopi e con significati diversi. Il termine *purpose*, per esempio, viene usato sia per indicare la missione sociale dell'azienda, legata al suo ruolo e al suo contributo nella grande partita della sostenibilità, sia per descrivere qualcosa di più profondo in azienda: il suo perché profondo.

Già! Perché era nata l'impresa che oggi è così grande e consolidata? Tra i numerosi interventi e l'ampia letteratura che hanno affrontato bene questo tema, i più noti sono il libro *Partire dal perché* di Simon Sinek e *Purpose* di Joey Reiman.

Il *purpose* in questa accezione non è altro che il motivo per cui il fondatore ha deciso di creare l'azienda. Spesso questo motivo è una vera e propria "insurrezione" contro lo status quo, contro i prodotti più diffusi e contro l'azienda dominante del settore, prima, appunto, che nascesse la nuova azienda, portatrice della nuova visione. Raramente il vero *perché* di un'azienda all'origine è semplicemente quello di fare soldi. Ne ho parlato a lungo nel mio libro *Fare i manager rimanendo brave persone*: è molto più facile di quanto si creda trovare all'inizio del percorso di ogni azienda un motivo che non sia legato al denaro, ma piuttosto a una passione o a un'invenzione di prodotto o a una visione del mercato innovativa. Pensiamo ad Apple che innova completamente il settore dei personal computer, a Ikea che irrompe nel tradizionale settore dell'arredamento, a Ferrero nel mondo del cioccolato. C'è sempre qualcosa, il giorno della fondazione di un'impresa, che il fondatore, l'imprenditore ha o vede che altri non hanno o non vedono. Questa intuizione o innovazione diventa una storia che viene raccontata spesso ai parenti e a pochi amici, poi a qualche investitore o a qualche banca per reperire i capitali necessari e così nasce un'impresa. La voglia, spesso ossessiva, spesso monomaniacale, di realizzare un'intuizione o di diffondere un'innovazione su scala industriale. Non è il denaro il tema centrale. Non è raro, anzi, trovare imprese che nascono quasi per opporsi al modello industriale, capitalistico classico e che si pongono in alternativa ad esso, salvo poi crescere e diventarne parte esse stesse.

Quando l'azienda diventa grande, leader, dominante, spesso dimentica il perché originale, dimentica il *purpose*, la sua insurrezione iniziale e cambia la valuta dell'identità con quella della crescita dimensionale. Tenere insieme le due cose, coniugare la propria identità e la propria missione originaria con la volontà di crescere di dimensioni, è il dilemma vero.

Il caso di Spotify è illuminante. La app è stata lanciata in Svezia nel 2008 dal suo inventore Daniel Ek insieme al socio finanziatore, Martin Lorentzon. Come la serie Netflix *Playlist* ha raccontato con grande efficacia, gli inizi di Spotify erano legati, come spesso capita, a un sogno e a una passione di Ek: la passione per la tecnologia e il sogno di una musica che tutti potessero scaricare online ma in maniera legale.

La passione per la tecnologia aveva già portato Ek a diventare ricco a soli ventisei anni, grazie alla vendita della sua precedente start up (Advertigo), legata al mondo della pubblicità. Ma fu il sogno della musica online per tutti a portarlo all'incontro con Martin Lorentzon e a decidere così di fondare Spotify, un servizio di musica in streaming che sarà, di fatto, destinato a rivoluzionare un intero settore.

Il progenitore di Spotify è rappresentato dal mito di Napster e di altri siti pirati che avevano "aggredito" l'industria discografica mettendola quasi in ginocchio. Lo streaming musicale *peer to peer*, fondato sullo scambio appunto tra utente e utente, stava dilagando tra i giovani, che potevano ascoltare online i loro brani preferiti senza pagare alcunché alle case discografiche e agli autori. Attorno ai siti pirata si era creato nel mondo un movimento sociale e quasi politico, antagonista nei confronti delle cosiddette *major*, le grandi etichette musicali che monopolizzavano il settore e – secondo la teoria antagonista – lo sfruttavano solo a proprio vantaggio.

Anche i fondatori di Spotify partivano da questa "insurrezione" ma con due variazioni fondamentali: la prima era che Ek e Lorentzon volevano realizzare un servizio eccellente (molti dei siti pirata avevano una qualità pessima). La seconda era che volevano rendere lo streaming legale, stringendo accordi con le etichette musicali e costruendo la loro app su un modello di business profittevole per tutti.

Il *purpose* iniziale di Ek era dunque quello di trasformare l'industria musicale da settore fondato sull'acquisto del disco a uno fondato sulla fruizione gratuita online di brani in streaming, realizzando un servizio tecnologicamente perfetto per i clienti, legale e profittevole per gli attori del settore (cantanti, etichette e piattaforma digitale di streaming).

Per realizzare questo sogno, però, aveva bisogno dei diritti sulle canzoni, che erano di proprietà degli autori e delle etichette. Gran parte della serie *Playlist* racconta proprio lo scontro che si svolge all'interno della start up Spotify e intorno ad essa tra la volontà di realizzare questo sogno legalmente e la necessità di garantire un servizio gratuito. Senza la gratuità del servizio sarebbe venuto meno il *purpose*, che non era quello di far pagare la musica in altro modo, ma quello di renderla gratuitamente fruibile online da tutti, grazie allo streaming.

Il momento topico nella storia della fondazione di Spotify arriva quando la forza propulsiva originaria ("Realizziamo un servizio di streaming gratuito migliore di tutti i siti pirata con cui siamo cresciuti noi della nostra generazione," dice a un certo punto il direttore tecnico e cofondatore di Spotify) si scontra con l'indisponibilità delle *major* a vendere i diritti della loro musica a Spotify e con la necessità che il modello di business di Spotify fosse economicamente sostenibile. Per un lungo tratto di strada Ek fu ovviamente il paladino principale della posizione integralista, che prevedeva nessun cedimento alle case discografiche e nessun cedimento al principio della gratuità del servizio. Arrivò, però, il momento in cui lo stesso Ek dovette fare i conti con la realtà. Senza un accordo con le etichette e senza un modello di business finanziariamente sostenibile... niente Spotify.

L'identità dell'impresa, almeno nella sua dimensione iniziale, integralista e ideologica, non consente di realizzare il sogno. Ek allora fa due scelte dirompenti: accetta di avere un servizio a pagamento, Spotify Premium, accanto a quello gratuito, e – soprattutto – accetta di far entrare le case discografiche nel capitale sociale della sua start up. Alcuni dei suoi compagni di viaggio lo ritengono un tradimento inaccettabile della missione iniziale di Spotify. Non sono disposti a scambiare un po' della loro valuta più pregiata, la loro identità, con quella necessaria a sbarcare nel nuovo mondo, la crescita.

Nella serie Netflix si vede bene come lo scontro all'interno della squadra dei fondatori si accende proprio su questo tema: l'identità, il perché originario si scontra con la sostenibilità economica. La parte del gruppo che sostiene il compromesso con le case discografiche etichetta la posizione degli altri come "il sogno da adolescenti", la app perfetta e completamente gratuita. Ma – a meno che l'adolescente non avesse accettato di crescere – nessun sogno si sarebbe realizzato, né quello originale né una sua diversa forma.

Ed è proprio a questo punto che Ek sceglie di crescere e accetta il compromesso. Se oggi, nel 2024, quasi mezzo miliardo di persone usano ogni mese Spotify, se oggi possiamo ascoltare circa ottanta milioni di canzoni di circa undici milioni di autori è solo grazie a queste due scelte: Spotify Premium (che oggi ha quasi duecento milioni di utenti che pagano ogni mese per avere accesso a servizi di maggiore qualità e consentono così agli altri di ascoltare musica gratis, con la pubblicità e con meno libertà e flessibilità) e l'ingresso delle case discografiche nel capitale di Spotify.

Patto con il diavolo o crescita? Michael Corleone che cede ai suoi princìpi di eroe di guerra, rinnega i suoi affetti e si fa capomafia? O Pinocchio che cresce, accetta le responsabilità che la vita gli pone di fronte, ma in fondo non cambia il suo sguardo sulla realtà?

Se Ek avesse lanciato Spotify senza l'accordo con le *major* e senza i profitti del servizio Premium, avrebbe presumibilmente perso cause milionarie nei tribunali di tutto il mondo, avendo peraltro in mano un'azienda senza un modello di business. Avrebbe certamente lanciato una piattaforma di streaming di una qualità mai concepita prima, ma non sarebbe bastato. Il suo sogno si sarebbe infranto sugli scogli del principio di realtà.

Ma, avendolo capito, ha accettato di crescere. Secondo alcuni questo non è crescere ma è rinnegare. Il giudizio ovviamente non può che essere personale. Io, dal canto mio, ci vedo molto più una crescita che un tradimento.

È chiaro che la crescita cui mi riferisco qui è la maturazione della personalità dell'azienda e non la crescita dimensionale, che certo nel caso di Spotify poi sarebbe anche arrivata e con ritmi inimmaginabili. Ma non è la dimensione il punto. Il punto è la "posizione" dell'azienda verso il mondo, l'atteggiamento dell'imprenditore che, esattamente come qualunque adolescente a un certo punto capisce che per crescere nella vita è necessario e persino sano scegliere su quali sogni puntare davvero e quali abbandonare, decide di coniugare il principio del piacere con il principio di realtà e di realizzare il suo sogno. Nella realtà.

Crescita o identità? Solo l'impresa che riesce a coniugare questi due ingredienti creerà valore. Due ingredienti e tre tempi: il tempo futuro, della strategia e della visione, con il tempo passato, dell'identità e della cultura, con il tempo presente, del business e dell'organizzazione.

Soltanto così le aziende rispettano il loro vero mandato, quello cioè di essere organizzazioni sociali con una responsabilità economica. Ho usato molto spesso questa espressione, dopo averla scritta per la prima volta nel mio libro *Fare i manager rimanendo brave persone*. Perché le aziende siano organizzazioni sociali, credo ormai sia chiaro a tutti. La responsabilità economica, invece, ancora si presta a equivoci. Essa, infatti, non sta nella trivialità ancora molto diffusa per cui "in fondo siamo qui per fare profitti, eh!", che non coglie quasi nulla della complessità di un'azienda. La responsabilità economica sta nel fatto che l'azienda, in quanto tale, svolge una funzione diversa da quella di altre organizzazioni sociali, quella, cioè, di generare lavoro e distribuire valore economico (oltre che, come detto, sociale).

L'imprenditore, dunque, che si occupa non solo della propria identità e di preservarne l'integrità ma anche di declinare quell'identità nella realtà che cambia, crescendo così in termini innanzitutto di sviluppo prima ancora che di dimensioni, compie l'operazione più socialmente responsabile che può. Perché solo in questo modo potrà assicurare continuità alla sua impresa e potrà continuare quindi a dare il suo contributo precipuo alla società, quello cioè di generare e distribuire valore economico.

3.
Futuro

Tutti i racconti, quello di Cenerentola come quello di Michael Corleone, di Pinocchio e anche quello di Marchionne, hanno tre cose in comune, lo abbiamo detto nei capitoli precedenti: un punto di partenza, un punto di arrivo e qualcosa che succede nel mezzo. Il punto di arrivo non necessariamente è la fine di tutto. La Fiat è andata avanti dopo Marchionne. Cenerentola avrà avuto dei figli e dei nipoti, come forse Pinocchio e così via. Ma la vicenda del protagonista e dei suoi amici, alleati e avversari, ha avuto una sua conclusione, un suo punto di approdo, e una volta giunti lì si può tirare un sospiro e fare un bilancio.

Tutti i racconti tendono verso un futuro migliore. A volte ci arrivano, altre no. Ma la tensione c'è sempre. La tensione verso un futuro migliore è il principale sintomo di un atteggiamento aziendale orientato alla crescita, che ancora una volta più che dimensionale sarà crescita di personalità, maturazione di postura verso di sé e verso il mondo.

Rubiamo ora la telecamera al regista di queste storie, che immaginiamo la faccia scorrere su un carrello seguendo i protagonisti come in un lunghissimo piano sequenza. Rubiamogli la telecamera e posizioniamola invece in un punto fisso, sopra la testa dei protagonisti, senza alcun carrello.

Vedremmo in questo modo gli attori dall'alto, come se

stessimo sopra le quinte del teatro. Ipotizzando che la storia si svolga lungo la linea del tempo da un lato all'altro del palcoscenico, per vedere ciò che è già accaduto dovremmo girare la telecamera da un lato, per vedere ciò che accadrà dovremmo girarla dall'altro e per vedere ciò che sta accadendo dovremmo tenerla esattamente a perpendicolo sul palcoscenico. Ancora una volta, tre elementi. Punto di partenza, punto di arrivo e ciò che accade nel mezzo.

Cominciamo dalla fine. Partiamo dall'ultimo dei tre elementi, il punto di arrivo. Diamogli un nome. Chiamiamolo *futuro*.

Il futuro, in azienda ma non solo, è il progetto. La parola "futuro", ne ho parlato anche nel mio libro *Fare i manager rimanendo brave persone*, è una parola bellissima e feconda perché, al contrario della parola "termine", non ha alcuna scadenza, come invece ogni termine ha per sua stessa definizione. Il futuro, che è il participio futuro, appunto, del verbo essere in latino (*esse*), sta a indicare tutto ciò che sarà o che verrà in seguito.

Il futuro ha una caratteristica su tutte: accadrà. Sia che noi lo vogliamo, sia che non lo vogliamo, il futuro ci sarà. Noi potremmo non esserci, ma la nostra azienda, la nostra famiglia, le nostre proprietà, persino le nostre idee ci saranno. Questo è il motivo per cui, quando mi chiedono quale sia la cosa più importante che la funzione di guida di un'azienda deve svolgere, rispondo sempre: occuparsi di quello che non c'è, cioè del futuro. Perché occuparsi del futuro oggi significa occuparsi del presente di domani. E solo la funzione di guida di un'azienda, e di un'organizzazione in generale, ha la possibilità e la prospettiva per farlo con la giusta energia.

La leadership di un'azienda, come gli ufficiali superiori al comando di una nave, può fare una cosa meglio di chiunque altro (e forse solo quella): può vedere lontano, può scrutare l'orizzonte e, forte della sua posizione sul ponte di comando e supportata da strumentazione, informazioni e organizzazione, può anticipare i venti, le correnti e gli ostacoli e portare la nave lungo la rotta migliore.

Ho sempre amato questa metafora, perché attribuisce

alla tipica distribuzione degli uffici in azienda (di solito le persone più importanti sono ai "piani alti", espressione che è per questo entrata nel lessico aziendale) una logica (seppur solo simbolica) che non sia solo gerarchica (chi ha più potere sta sopra chi ne ha meno) ma funzionale (chi deve decidere del futuro, ha bisogno di una maggiore e migliore visuale).

Occuparsi dell'azienda nel tempo in cui non ci saremo più. Questo, senza troppa retorica, è il cuore della funzione della leadership.

Forse il caso più eclatante di questi ultimi anni, in merito alla rilevanza e alla bellezza del futuro, è quello di Patagonia.

L'azienda americana di abbigliamento outdoor, valutata circa 3 miliardi di dollari e da sempre impegnata sui temi della sostenibilità ambientale, è di proprietà di Yvon Chouinard, ottantatreenne alpinista, insieme alla moglie e ai due figli. Pensando appunto al futuro, il suo fondatore ha deciso che la famiglia non sarà più proprietaria dell'azienda. I Chouinard hanno trasferito irrevocabilmente le azioni con diritto di voto, pari al 2% del totale, in una nuova entità denominata Patagonia Purpose Trust. Il fondo, che sarà supervisionato da membri della famiglia e da loro stretti consiglieri, mira a garantire che Patagonia tenga fede al suo impegno di gestire l'attività in modo socialmente responsabile e ceda i profitti. Il restante 98% delle azioni comuni è stato invece ceduto a una nuova organizzazione non profit, la Holdfast Collective, che riceverà tutti i profitti dell'azienda e li userà per contrastare il cambiamento climatico. L'obiettivo è garantire che tutti i profitti, circa cento milioni di dollari l'anno, siano utilizzati per combattere il cambiamento climatico e per proteggere i terreni non sviluppati in tutto il mondo.

L'azienda Patagonia continuerà a operare come società privata a scopo di profitto, con base a Ventura, in California, vendendo oltre un miliardo tra giacche, cappelli e pantaloni da sci ogni anno. Ma i Chouinard, che hanno controllato Patagonia sino ad agosto 2022, non ne saranno più i proprietari; molti hanno commentato che il pianeta Terra diventerà il vero proprietario di Patagonia.

Questo è senza dubbio un esercizio assoluto di leadership intesa come funzione di progettazione del futuro, una fortissima svolta addirittura all'assetto proprietario, con il rafforzamento e anzi la protezione della vera missione dell'impresa come unica preoccupazione dell'imprenditore. Di questo, di questa dimensione di futuro, non poteva che occuparsi la leadership. Nel presente, Chouinard non si è occupato di presente ma di futuro remoto.

Il presente non è altro che il futuro di qualche anno fa. Mentre tre, quattro o cinque anni fa l'azienda stava gestendo il presente di allora (che oggi chiamiamo passato), qualcuno (la leadership, solitamente), in modo implicito o esplicito, formalizzato o destrutturato, condiviso o no, si stava occupando di quel che sarebbe accaduto oggi, cioè tre, quattro o cinque anni dopo, appunto. Il futuro di oggi sarà presente fra tre, quattro o cinque anni e, se nessuno oggi se ne occupa, l'azienda non avrà un futuro o avrà un futuro determinato da altri o da altro, cadendo così vittima di una patologia molto diffusa, l'inerzia strategica.

L'inerzia strategica, insieme all'inerzia organizzativa e a quella operativa, è un morbo molto pericoloso, perché non attacca l'organismo ospitante, come fanno i virus più aggressivi, ma coabita tranquillamente con esso; non uccide né disturba le altre cellule dell'organismo ospitante, anzi, le fa sentire ancor più comode. L'inerzia strategica, sostanzialmente, funge da balsamo rassicurante e protettivo, sussurrando costantemente nelle orecchie dell'organizzazione che tutto quello che è successo finora continuerà a succedere e che si può quindi proseguire a operare come prima ottenendo gli stessi risultati.

Questo è il destino delle aziende senza una guida e senza una strategia. Se nessuno si occupa di futuro, il futuro deciderà per l'azienda. Ecco perché, quando penso al concetto di leadership, penso immediatamente alla parola futuro.

Cosa significhi occuparsi del futuro in azienda è abbastanza semplice a descriversi, e la letteratura ha ampiamente coperto l'argomento.

In primo luogo, si tratta di decidere in quale contesto futuro si vuole credere; su quale scenario di mercato, di settore, di clienti, di concorrenti si sceglie di puntare. Non si tratta di prevedere il futuro, ma di decidere in quale opzione di futuro (tra i diversi che si possono ipotizzare) si vuole credere. Tecnicamente, a questo proposito, si parla di *scenario planning* o di *assumptions* del piano strategico. Questo esercizio – immaginare quale futuro si vuole indicare all'organizzazione come lo scenario su cui l'azienda punterà – è la premessa principale dell'esercizio della leadership.

Dalla funzione di anticipazione descritta al punto precedente discenderà la funzione di elaborazione vera e propria della strategia, seconda funzione specifica e fondante dell'esercizio della leadership. Definire la strategia sostanzialmente significa elaborare un sistema integrato di scelte che sosterranno il vantaggio competitivo dell'azienda nel futuro: gli obiettivi, i settori principali su cui si investirà, il modo in cui si intende essere attrattivi e competitivi nei settori prescelti e, infine, il sistema di attività su cui poggeranno le scelte strategiche (organizzazione, attività, processi e sistemi); questa funzione è in genere la più esplicita nell'esercizio della leadership perché sbocca nel cosiddetto piano strategico o nell'agenda strategica dell'azienda.

La terza funzione della leadership legata al tempo futuro è l'attività di guida dell'organizzazione lungo le direttrici della strategia definita: è evidente che non basterà presentare all'organizzazione la nuova strategia, non basterà divulgarla internamente, ma sarà necessario che le persone siano messe nelle condizioni di intraprendere la rotta che conduce ai nuovi obiettivi.

La combinazione di queste tre funzioni della leadership legate al tempo futuro descrive dunque una capacità dei leader aziendali, che possiamo chiamare di *anticipazione e guida*, che altro non è se non l'insieme delle attività che la leadership di un'azienda dovrà porre in essere per "dare un futuro" alla propria azienda, anticipando cosa è più probabile che accada al mercato, ai clienti e ai concorrenti; compiendo le scelte fondative della nuova strategia e rendendo quei nuovi obiettivi e quelle nuove scelte praticabili per l'organizzazione.

Ma torniamo alla telecamera fissa sopra le nostre teste.

Cosa è il futuro di un'azienda osservato dal punto di vista della telecamera fissa posizionata sopra di noi? Se la telecamera fosse ancora libera di muoversi sul carrello che la fa correre sulle rotaie alla velocità degli eventi, giorno per giorno, il futuro non sarebbe che il susseguirsi dei giorni, uno dopo l'altro. Se si vive il tempo giorno per giorno non c'è futuro, tutto si riduce al presente. Ma se la nostra telecamera è fissa e non può seguire l'azienda giorno per giorno, il futuro allora bisogna immaginarlo, anticiparlo e raccontarlo. E ci risiamo, siamo di nuovo alle prese con i racconti.

Misi piede per la prima volta a Gravina in Puglia in una giornata piovosa del novembre del 2022. Era la mia prima visita in Andriani. Il meteo non era proprio quel che ci si aspetta andando da Milano a Bari. E il meteo non fu la sola sorpresa della giornata. L'azienda la conoscevo da molti anni. L'avevamo selezionata a suo tempo per il lancio della nuova pasta senza glutine Barilla, tra tutti i possibili candidati produttori. Aveva gli standard di qualità, di affidabilità e di sostenibilità di gran lunga migliori di tutti. E non sbagliammo, visto che da allora Andriani è diventato sinonimo di pasta senza glutine di qualità per tutti i principali marchi di pasta industriale italiana, per le catene della grande distribuzione in Italia, in America e nei principali paesi europei.

Da Bari percorriamo la Statale 96 verso l'interno, quasi tutta dritta, che all'altezza di Altamura gira verso ovest e conduce a Gravina. Il paesaggio è quello dell'altopiano carsico delle Murge, piatto, su cui svettano alti in mezzo ai campi i silos di grano, a ricordare la storica vocazione agricola di quel territorio.

Arriviamo nella zona industriale di Gravina, una delle tante zone industriali nelle nostre città di provincia, in cui non abbiamo propriamente interpretato al meglio il nostro ruolo di eredi del gusto classico. In questo contesto, non è difficile però scorgere la sede della Andriani e distinguerla da tutto il resto: architettura contemporanea, verde verticale, vetrate schermate per il risparmio energetico, geotermia, fotovoltaico, campus in erba verde perfettamente irrigata e manutenuta, sale riunioni esterne in serre con piante diverse a seconda dello scopo della riunione: aranci e limoni per le riunioni dove serve creatività, roseto per quelle in cui servono sentimenti positivi e così via. Tutto è curatissimo. Un pezzo di Svizzera in piena Puglia.

All'ingresso mi aspetta Michele Andriani, il visionario leader di questa piccola realtà del Sud che, insieme al fratello Francesco, ne ha prima concepito e poi guidato lo sviluppo con la determinazione e la costanza di chi guarda lontano.

E qui sta la diversità di Andriani. Questa, infatti, non è la tipica storia italiana, il classico racconto di una piccola azienda alimentare, familiare che diventa grande esportando i suoi prodotti all'estero. Andriani è un'azienda a trazione anteriore. Non è spinta dalla propria identità, anche perché oggi ha meno di vent'anni di storia. È trainata dalla visione del futuro dei suoi giovani fondatori. Una visione contagiosa per chiunque entri in contatto con loro.

Felice Andriani, il papà di Michele e Francesco, operava già nel settore agroalimentare italiano, in particolare nel settore meccanico, degli impianti per mulini e pastifici ma non aveva mai prodotto pasta in prima persona. Nel 2009 la famiglia fonda la Molino Andriani con l'obiettivo di fare la pasta senza glutine più buona e sostenibile del mondo. Il papà lascia presto il comando ai figli. Se quel che conta è il futuro, che siano i giovani a guidarlo!

Dopo la prima fase di sviluppo, di investimenti, di crescita rapida e significativa, i fratelli Andriani decidono di andare oltre il senza glutine tradizionale e investono nel mulino *multigrain* in grado di supportare la loro idea di una nuova pasta non-pasta, una pasta di legumi naturalmente senza glutine ma soprattutto ricca di nutrienti e in linea con i trend alimentari del futuro. È così che Andriani diventa uno dei campioni della *natural food innovation* italiana. Una start up con la testa nel futuro e i piedi nei campi. Andriani si fa capofila di una nuova filiera integrata e sostenibile dei legumi (piselli, ceci, lenticchie ecc.) necessari alla produzione della sua pasta innovativa.

Quando lo incontro, Michele è all'ingresso, con il suo cane che gli scodinzola intorno. Il cane in realtà non è suo personale, è di tutta l'azienda e ha libero accesso a tutte le sale riunioni, che peraltro hanno solo pareti di vetro e porte, anch'esse di vetro, tendenzialmente aperte. "Non ci sono segreti," mi spiega subito Michele. "Anche quando ci sono numeri brutti proiettati sullo schermo, tutti devono vederli, così magari quel giorno sono più gentili e comprensivi con la persona che li sta presentando."

Quel che colpisce di Michele, di Francesco, che incontrerò solo successivamente perché quel giorno era in America a seguire in prima persona lo sviluppo del business con i clienti e i fornitori oltreoceano, e di tutta la gente di Andriani è che sembrano un gruppo di amici. Ci sono persone di quasi tutte le età, quindi non è come nelle start up hi-tech dove il cameratismo è quello di un gruppo di giovanissimi. Certo molti sono di quelle parti, sono pugliesi e questo può aiutare. Ma si capisce subito che quel che unisce queste persone sono due cose: il loro modo di stare insieme e il progetto. Cioè il futuro.

"Non vi è una differenza sostanziale tra la vita di un'impresa e la vita di una persona: con il tempo si cresce, si cambia, ci si evolve," sostiene Michele Andriani. "Noi abbiamo iniziato come azienda di matrice familiare per poi affrontare, nel 2020, un momento di grande trasformazione. In piena pandemia, infatti, abbiamo avviato e gestito la fase di transizione a impresa manageriale, adottando un nuovo regolamento di *corporate governance* per implementare una gestione sempre più efficiente, e deliberato la trasformazione in società benefit. Una scelta, quest'ultima, che significa integrare, nell'esercizio dell'attività d'impresa, obiettivi volti sia al profitto sia al beneficio comune, operando in modo sostenibile e responsabile con la volontà di creare e distribuire valore per tutti gli stakeholder."

Andriani è una società benefit, certificata B-Corp, con

rating Esg di classe AA, aderisce al Global Compact dell'Onu e nel 2022 ha vinto più premi di grandi aziende blasonate, tra cui l'Oscar per la comunicazione di bilancio, il Best Workplace Blue Collar, il Best Managed Company di Deloitte, il Welfare Champion. Eppure, quando parlano tra loro, a uno sguardo superficiale sembrano un gruppo di amici che programmano le prossime vacanze estive. Leggermente incasinati, come quando si decidono le vacanze, ma con questo spirito sono passati da zero a cento milioni di fatturato in poco più di quindici anni.

Quel che colpisce soprattutto di Michele, che dell'azienda è presidente e amministratore delegato, è la consapevolezza dei propri limiti. Come spesso capita nelle persone così, poi si scopre che i limiti sono molto più ampi di quello che loro stesse danno a vedere, ma comunque la sensazione che si ha parlando dell'azienda con Michele è che, pur sapendo tutto, non sia lui a prendere tutte le decisioni.

Quando parla del processo di budget, per esempio, racconta con un sorriso larghissimo di aver messo tutti (e intende proprio tutti, una cinquantina di persone) in una stanza a fare il budget insieme. Riga per riga, vendite, acquisti, produzione a discutere le opportunità di migliorare i numeri. PowerPoint, no grazie!

Se chiedo a Michele il costo del mais lo sa a memoria, settimana per settimana. Se, però, gli chiedo se è giusto fare la pubblicità su un determinato prodotto, fa finta di non avere un'opinione forte (poi in realtà ce l'ha eccome!) e risponde che non è una sua decisione ma delle sue persone.

Ma cosa ha a che fare Andriani con la capacità di immaginare il futuro come dimensione fondamentale nell'esercizio della funzione di leadership?

Ha molto a che fare, perché i fratelli Andriani "ereditano" qualcosa dall'attività del padre ma non partono da qualcosa di già esistente per impostare la loro azienda, non partono da ciò che hanno e ciò che sanno. Partono da ciò che non hanno e da ciò che non sanno. Leadership è l'arte di occuparsi di quello che non c'è. Immaginano un futuro in cui il trend dell'alimentazione salutistica avrebbe incontrato potentemente anche il settore della pasta e realizzano una fabbrica e poi un mulino integrato chiaramente sproporzionati per le dimensioni del business di quindici anni fa.

Ma non solo. Andriani non è soltanto una media azienda italiana che è cresciuta rapidamente grazie all'innovazione. Andriani non è una piccola azienda diventata media. È un'azienda che è stata pensata come una grande azienda fin da quando era piccola. È stata immaginata come un campione della sostenibilità ambientale e della responsabilità sociale, quando aziende ben più grandi ancora non si esponevano in modo così netto ed evidente.

Ma non solo. I fratelli Andriani sono rimasti al servizio della loro idea e non hanno messo la loro idea o la loro azienda al servizio loro e della loro famiglia. Non hanno trasformato la loro azienda, cioè la loro visione innovativa del cibo e del business, in uno strumento della realizzazione propria e della propria famiglia.

E qui sta il nocciolo della questione. Se il futuro è davvero ciò che guida un'impresa e un imprenditore, l'imprenditore deve avere la testa lì, nel futuro. E ha il dovere di capire quando l'azienda, la sua complessità, supera la lunghezza del proprio braccio. Quando, cioè, mantenere il meccanismo di gestione familiare di prima generazione non è un modo di preservare la cultura identitaria ma diventa, volenti o nolenti, un modo per impedire la crescita dimensionale e la maturazione dell'azienda. Una logica perversa in cui il controllo dell'imprenditore diventa più importante della crescita dell'azienda. Una forma di egoismo.

Michele Andriani e suo fratello Francesco hanno pensato al futuro, nel senso profondo del termine, almeno in tre occasioni. La prima, ovviamente, quando hanno scelto il filone del senza glutine come ambito di investimento e quando lo hanno fatto con un profilo di sostenibilità ambientale e sociale all'avanguardia. La seconda, che ricorda Michele stesso nella citazione riportata poco sopra, a proposito della trasformazione della *governance* nel 2020. La terza, quando nel 2022 hanno riflettuto su cosa servisse all'azienda, che ormai metteva radici anche industriali in altri continenti, per continuare a crescere. E hanno deciso per l'apertura del capitale sociale a soci esterni che apportassero non solo capitali ma anche competenze nuove.

Pensare il futuro vuol dire immaginarlo, tracciare linee e direttrici e capire, prima degli altri, non solo quando ci sono grandi opportunità in cui investire, ma anche quando le linee vanno a sbattere contro ostacoli che è meglio rimuovere in anticipo, mentre le cose vanno ancora bene.

Questo fanno gli imprenditori e i manager che davvero "hanno la testa nel futuro".

4.
Passato

Finora abbiamo parlato di crescita qualitativa come tensione verso il futuro, un futuro migliore. Abbiamo anche detto che declinare la propria identità nella realtà è un dovere dell'imprenditore perché solo così egli svolge la sua funzione, solo così genera realmente valore economico diffuso. Ma il punto di partenza, ossia l'identità dell'impresa, non deve per questo perdere rilevanza. Crescere, infatti, non può prescindere dalla consapevolezza del proprio punto di partenza. E non conoscere il proprio passato, ignorare la propria eredità, non è una buona premessa per crescere sani.

Giriamo, quindi, la nostra telecamera di centottanta gradi. Rivolgiamoci al passato.

Se è vero che futuro è una parola bellissima, è anche vero che passato è una parola inevitabile. Abbiamo già detto che, quando cambia la leadership aziendale o quando cambiano le condizioni del mercato, le aziende spesso cominciano una nuova pianificazione strategica per definire un nuovo futuro in cui credere, nuove scelte strategiche e un piano di comunicazione e motivazione per realizzare il cambiamento.

Questa attività, che abbiamo definito di anticipazione e guida, consiste sostanzialmente nel voltare pagina nel libro della storia aziendale per cominciare a scrivere un nuovo capitolo. Ma i capitoli precedenti? Cosa c'era scritto e chi li aveva scritti? E quante delle persone che devono contribuire a scrivere il nuovo capitolo o a realizzare operativamente il piano erano presenti nei capitoli precedenti? Cosa pensano della necessità di voltare pagina? Hanno compreso i problemi e i limiti della strategia precedente? E, al di là delle singole persone, l'azienda nel suo complesso è pronta al cambiamento? E sarà capace di realizzarlo? Il passato, insomma, è compatibile con il futuro?

Queste sono le domande che, se non vengono affrontate compiutamente nella fase di scrittura di un nuovo piano strategico, di solito contribuiscono a farlo fallire. È difficile, infatti, che un piano strategico sia internamente incoerente. È molto più probabile che sia incompatibile con il passato di un'azienda, cioè con la sua identità. Una strategia può essere debole in sé (non distintiva, non decisiva nel fare scelte nette), può essere perfetta ma pessimamente eseguita o può anche essere giusta in astratto ma semplicemente sbagliata per una determinata azienda.

Un classico esempio di incompatibilità tra strategia (il tempo futuro di un'azienda) e identità (il tempo passato di un'azienda) è quello di un produttore leader di beni di marca di prezzo elevato che decide di competere anche nel settore della produzione per conto terzi (le famigerate "marche private" delle catene di supermercati, che solitamente competono a un livello di prezzo molto più basso di quello delle marche leader). Dal punto di vista razionale, è indubbiamente possibile delineare un percorso strategico e anche organizzativo per creare una linea di business dedicata a servire i clienti della grande distribuzione organizzata per lo sviluppo dei prodotti a marchio privato, che devono necessariamente avere costi di prodotto, di packaging e di industrializzazione più bassi. È altrettanto probabile, però, che la cultura organizzativa dell'azienda di marca non riesca a cambiare modello operativo, non riesca, cioè, a smettere di fare alcune cose che sono incompatibili con il settore delle marche private, nel campo della formulazione dei prodotti, per esempio, ma anche dell'allocazione dei costi industriali e quindi del calcolo di profittabilità del singolo prodotto oppure delle modalità di pianificazione della produzione e di gestione della complessità. L'azienda, il suo agire declinato al tempo passato, la sua identità e la sua cultura organizzativa hanno sedimentato negli anni determinati comportamenti individuali e collettivi, fondati a loro volta su valori e credenze, e nessun documento PowerPoint può scalfire questa tradizione organizzativa. "Culture eats strategy at breakfast!" sosteneva non a caso Peter Drucker.

Il "cosa", quel che l'azienda ha fatto per decenni, e ancor più il "come" l'azienda ha operato per molto tempo determinano insieme una cultura organizzativa e un'identità. E nonostante si parli di cultura e identità, termini cioè apparentemente astratti e alti, i fattori costitutivi sono molto concreti e hanno a che fare con il lavoro quotidiano delle persone: la gestione del packaging, per esempio, in un'azienda di marca di alto prezzo segue certe pratiche consolidate, in termini di scelta dei materiali e quindi dei fornitori, di qualità di stampa, di criteri per lo scarto della cattiva qualità, che determinano costi elevati ma anche una certa abitudine organizzativa. Se questa azienda entrasse nel settore della marca privata, il prezzo del prodotto potrebbe non sostenere quel tipo di costi e la richiesta di ridurli potrebbe cozzare contro l'inerzia organizzativa e culturale dell'azienda di marca ("Da noi certe cose non si fanno"). E, più banalmente, potrebbe anche cozzare contro l'incapacità tecnica delle persone di realizzare fisicamente quella richiesta.

Anche questi sono piccoli pezzi di identità. L'identità va oltre qualunque manuale organizzativo, spesso sfugge anche alle dichiarazioni di valori che le aziende enunciano nei programmi di comunicazione interna.

Questa è l'inerzia culturale. L'inerzia culturale della Porsche, per esempio, che dal 1931, anno della sua fondazione, aveva costruito sempre e solo auto puramente sportive, era fortissima, ma la leadership aziendale fu molto efficace a gestire il cambiamento nel 2003 quando decise di imprimere una svolta netta nella strategia commerciale e quindi industriale dell'impresa. Dopo aver superato non poche resistenze interne ed esterne, di chi considerava la nuova strategia un tradimento della marca e dell'identità, la Porsche lanciò la Cayenne, il primo Suv della casa automobilistica tedesca, che ne avrebbe poi cambiato definitivamente le sorti.

Il "cosa" della Porsche aveva storicamente consolidato anche un "come", una cultura, che era potenzialmente incompatibile con il futuro scelto, un futuro in cui le intenzioni erano di produrre e vendere molti più Suv che auto sportive classicamente intese. Ma la leadership è stata brava nel mettere in comunicazione il tempo futuro dell'azienda (la strategia, il progetto, la parte razionale del racconto aziendale) con il suo tempo passato (l'identità, la sua cultura, i suoi valori), con il risultato che oggi il primo e il secondo modello Porsche più venduti al mondo sono due Suv (Macan e Cayenne) per un totale che nel 2021 ha raggiunto quasi il 60% del numero complessivo di auto vendute.

Ma come si fa, dunque, a tenere insieme futuro e passato, progetto e identità? Occorre innanzitutto comprendere bene la situazione di partenza dell'azienda, sia esternamente che internamente. E occorre indirizzare questa attività, che definiremo di *analisi e comprensione*, non solo verso gli aspetti più evidenti, come i dati di mercato e i risultati del business, ma anche verso gli aspetti più profondi e culturali, quali i comportamenti, i valori e le capacità organizzative diffuse. Solo a valle di un'accurata, onesta ed esaustiva attività di analisi e comprensione si potrà provare a raccordare il racconto del tempo futuro con quello del tempo passato.

In primo luogo, bisognerà analizzare la situazione di mercato dell'azienda e la sua performance, in assoluto, in linea di tendenza e soprattutto in confronto con la concorrenza; questa attività ha la ovvia valenza di costituire le fondamenta su cui poggerà il nuovo piano strategico (e per questo è bene che preceda la definizione del piano stesso), e la meno ovvia ma non meno importante valenza di creare una visione condivisa della situazione di partenza all'interno dell'organizzazione. Troppo spesso, infatti, nelle aziende ci sono visioni diverse sull'andamento dell'impresa, tra chi crede che l'azienda sia solida e chi crede che sia in crisi o chi ha smesso di farsi la domanda; per non parlare delle cause dell'eventuale crisi, dove ci si divide tra chi crede che il problema sia la mancata crescita, chi ritiene che la profittabilità sia insufficiente, chi pensa che i costi delle strutture centrali siano eccessivi e chi punta il dito sull'efficacia delle reti di vendita; questa attività di analisi e di socializzazione delle evidenze è fondamentale ed è anche relativamente facile.

Un secondo ambito dovrà riguardare le competenze e le capacità organizzative diffuse e consolidate all'interno dell'azienda, laddove le prime, più legate agli individui, sono relativamente più facili da migliorare o far evolvere, mentre le seconde, in quanto più legate all'organizzazione nel suo complesso e al suo modello operativo, sono solitamente più ostiche da cambiare; analizzare le competenze significa compiere una valutazione quali-quantitativa di ciò che le persone in azienda sanno fare, in maniera distintiva rispetto ai concorrenti, in linea con il mercato o, infine, peggio dei concorrenti; questa valutazione potrà poi essere utilizzata, in funzione del piano strategico, per definire le aree di priorità della direzione del personale (o risorse umane) nel campo del reclutamento e della formazione.

Fare, invece, una valutazione oggettiva delle capacità organizzative diffuse di un'azienda è un esercizio più difficile, perché significa andare al cuore del vantaggio competitivo di un'impresa e cercare di individuare quali siano le capacità distintive che creano valore in modo diverso e superiore alla concorrenza.

Le capacità organizzative diffuse sono tra gli asset intangibili di maggior valore di ogni azienda, ma al tempo stesso sono un limite al cambiamento, perché più l'azienda ha avuto in passato successo e più sarà restia a cambiare i modelli operativi che l'hanno condotta a quel successo.

La terza area di analisi è quella, più soft ma non per questo meno decisiva, dei valori, delle credenze e dei comportamenti organizzativi, su cui molto spesso si giocano i destini dei piani strategici che mirano a una trasformazione. In questo caso l'attitudine della leadership dovrà essere orientata più all'ascolto e all'osservazione che all'analisi, perché certe cose non vengono dette, scritte o dichiarate, ma fatte, vissute, agite.

Che in una certa azienda i meeting durino massimo un'ora, che il grado di dissenso rispetto all'opinione del capo sia basso durante i meeting e alto nelle conversazioni nei corridoi o che, infine, le persone di marketing e di vendita abbiano più potere degli altri nell'impostazione dei piani operativi aziendali non sono cose che possano essere analizzate leggendo i manuali organizzativi o gli organigrammi, ma sono fattori distintivi di una cultura che possono solo essere osservati, con gli strumenti dell'antropologo, o sentiti con un'azione molto profonda di ascolto dell'organizzazione e delle persone.

I valori, le credenze e, conseguentemente, i comportamenti organizzativi diffusi sono fondamentali per misurare in anticipo il grado di compatibilità tra identità (tempo passato) e strategia (tempo futuro), perché solo l'analisi ai raggi x di questi fattori (non nel dichiarato esplicito delle persone ma nell'osservazione oggettiva dei loro comportamenti) potrà indicare con chiarezza se si incontreranno ostacoli all'adozione della nuova strategia e alla sua implementazione.

L'articolazione intelligente di queste tre funzioni della leadership coniugata al tempo passato, legate all'attività di analisi e comprensione, segna spesso il vero discrimine tra leadership acerbe e leadership mature, tra leadership di persone e leadership solamente di business, tra leadership profonde e leadership superficiali.

Non ho mai creduto che l'esecuzione fosse più importante della strategia, ma è certo che la strategia senza le persone non vale nulla. Le persone indubbiamente si muovono anche per istruzioni esplicite ricevute, per competenze esercitate. Ma si muovono molto di più se guidate dai loro valori, dalle credenze e dall'inerzia culturale e organizzativa: dunque la funzione di analisi e comprensione che abbiamo descritto è fondamentale per dare al tempo futuro, il tempo della strategia, la solidità che può essergli assicurata solo dal raccordo con le fondamenta del tempo passato.

Questi sono i motivi per cui un bravo Ceo dovrebbe essere sempre interessato ai racconti sul passato, soprattutto sull'epoca della fondazione. L'attività del leader, infatti, a tratti assomiglia a quella dell'archeologo, perché deve ricostruire le fasi della storia dell'azienda per comprendere il processo di sedimentazione dei valori. Solo analizzando bene tutti gli strati li si potrà raccordare al nuovo racconto. E a tratti assomiglia all'attività del geologo, che prima di redigere la sua relazione sullo stato di un terreno esegue dei prelievi in verticale, profondi anche svariati metri; e quando il macchinario tira su il campione della terra, si vedono a occhio nudo i diversi strati: argilla, ghiaia, roccia, sabbia, a seconda dei casi. Solo così l'ingegnere potrà poi, con l'aiuto del geologo appunto, disegnare le giuste fondamenta per il nuovo edificio.

Un'azienda senza strategia è una barca alla deriva, in balia delle correnti; ma un'azienda la cui strategia (futura) non sia ben raccordata con la sua identità (passata) e con le sue competenze, con le sue capacità, i valori e i comportamenti è Hyde Park Corner, un luogo cioè dove difficilmente le parole guidano l'azione collettiva.

Mi è capitato molte volte nella mia esperienza in azienda di confrontarmi con la rilevanza del passato, inteso appunto come eredità, come identità. E forse proprio l'aver sperimentato, negli anni, ambienti così diversi, storie e identità così distanti le une dalle altre mi ha aiutato a capire quanto, in qualunque viaggio, siano importanti tre cose: il porto di partenza, le prime miglia del viaggio (e quindi del racconto) e poi la "corrente sotto il mare".

Una delle ultime, fortunate mete del mio cercare è stata in questi anni la Feltrinelli.

Feltrinelli è un'azienda particolare. Già a definirla azienda si sente la camicia un po' stretta. Percorrere i corridoi di via Andegari, accostando alcuni dei manifesti e delle copertine che hanno fatto la storia della cultura e della società del nostro paese, dà una sensazione più simile a quando si entrava nella sezione di un partito o di un'associazione culturale che in un'azienda. La storia, il passato è lì, vivido, si tocca, si legge. Se si vuole.

Tra il 2021 e il 2022 affrontammo i temi centrali dello sviluppo strategico del Gruppo Feltrinelli. Quando ci si pongono gli interrogativi sul futuro di un grande gruppo editoriale multimediale che è editore di libri, di film, di serie tv, di podcast, di corsi di formazione ed è anche Fondazione, quindi ricerca sociale e impegno civico, e ancora libraio fisico (il più grande d'Italia) e digitale, non si può farlo senza conoscere il porto di partenza, le prime miglia percorse e la corrente nascosta sotto la superficie del mare. Per questo da tempo costringo, spesso tra sguardi attoniti o annoiati degli astanti, imprenditori e manager, a lavorare sempre sulla ricostruzione grafica in una sola semplice pagina sintetica del "viaggio dell'impresa", prima di iniziare a lavorare sul piano strategico futuro. Ripercorriamo le tappe dalla fondazione a oggi, vediamo se ci ricordiamo tutti le stesse e se le definiamo nello stesso modo, se ne diamo anche lo stesso giudizio. Spesso la strategia è già scritta nel passato.

Il porto di partenza dell'avventura della Feltrinelli in Italia è chiaro: negli anni cinquanta non si chiamava *purpose* e sicuramente non lo avrebbe definito così Giangiacomo Feltrinelli, ma la "rottura" iniziale (perché tutte le vere fondazioni delle aziende di successo nascono da una rottura del paradigma precedente) appare semplice da ricostruire. Una cultura accessibile come strumento dell'emancipazione degli umili e una cultura egualitaria come strumento di educazione delle nuove élite. Joey Raiman nel suo libro *Purpose* la chiama *insurgency*, "insurrezione" appunto. A me piace molto la definizione di "rottura", perché rende l'idea che c'è un prima e un dopo. Mentre dopo un'insurrezione può ben esserci una restaurazione, dopo una rottura, no, nulla è più come prima.

Contro cosa era nata la Feltrinelli? Contro la cultura riservata a pochi, come strumento di dominio solo dei privilegiati, e a favore invece di una cultura realmente aperta e non provinciale. Questo era il porto di partenza.

Nei primi bracci di mare solcati, a guardare gli inizi

della Feltrinelli, si mettono subito a fuoco, nel giro di meno di un decennio, le tre iniziative fondative: la prima, la Biblioteca sul movimento operaio internazionale, divenuta poi Istituto e infine Fondazione; la seconda, la casa editrice, quella del *Dottor Živago*, pubblicato nonostante la violenta opposizione del Partito comunista sovietico e di quello italiano, e poi del *Gattopardo* e poi ancora della narrativa sudamericana; la terza, le librerie cittadine, le prime in cui si poteva entrare e toccare, sfogliare, leggere i libri, senza assistenza di alcun commesso.

Serve sapere queste cose per disegnare la strategia multimediale di un gruppo editoriale a settant'anni di distanza da quegli eventi? O tutti questi "racconti" non rappresentano piuttosto un ostacolo, un vincolo non necessario all'inevitabile evoluzione di tutte le storie e quindi anche di tutte le aziende? I ragazzi, ma anche molti giovani adulti di oggi, in fondo non sanno nulla di Giangiacomo Feltrinelli, né delle lotte sociali del dopoguerra, né degli anni sessanta e delle loro luci né dei settanta e delle loro ombre.

Quando, insomma, l'eredità cessa di essere patrimonio e diventa un peso?

La risposta a questa domanda ha a che fare con due elementi. Uno interno all'azienda e uno esterno.

Quello interno è la "corrente sotto il mare". Se le persone, se (come si dice con espressione un po' gergale ma efficace) "la pancia" dell'organizzazione, le centinaia di persone che mandano avanti l'azienda sono ancora legate a quelle "storie", allora sono rilevanti per definizione. Se le persone sul campo (in questo caso, le persone che scelgono i libri da pubblicare, che li editano, e poi i librai, che li vendono), le persone che comunicano con l'esterno, sentono quei "miti fondativi" dell'azienda come qualcosa di rilevante nel loro processo intimo di adesione all'azienda stessa e se avvertono nella quotidianità che quell'insurrezione iniziale ancora li ispira nel decidere cosa fare e soprattutto cosa non fare, allora quegli elementi sono ancora fondamentali. Altrimenti no.

Ma nel caso, malaugurato, in cui il mito fondativo originario non fosse più rilevante per le persone dell'azienda, si badi bene, non se ne può comunque fare a meno. Ne servirà un altro. E presto. Le aziende iconiche, rilevanti, le aziende che hanno qualcosa da dire alla società e non solo al mercato sono aziende che sono ispirate dal desiderio di rompere un paradigma.

Mi capita spesso di dire che per fare strategia, e più ancora per costruire un'identità rilevante nel mercato e nella società, serve un nemico. A molti non piace questa iperbole perché tradirebbe un atteggiamento aggressivo, ostile. Ma se depuriamo l'espressione dei suoi tratti più colloquiali e ne apprezziamo la dimensione profonda, capiremo che se un'azienda, nel momento in cui pensa i propri prodotti, non "si oppone" concettualmente a nulla o a nessuno, sarà di fatto poco rilevante, perché genererà prodotti che sostanzialmente esistono già. Dell'iperbole del nemico, è ovvio, non mi interessa suggerire un che di ostilità o di aggressività, quanto la ricerca di una differenza che generi a sua volta identità.

Se l'insurrezione, invece, è ancora vitale e vissuta in azienda, occorrerà farci i conti, perché quel mito fondativo guiderà ancora la cultura, cioè i comportamenti, le scelte, le decisioni.

Se la cultura di un'azienda, infatti, è rappresentata da "quello che le persone fanno quando il loro capo non le vede", allora si capirà facilmente la metafora che uso della corrente sotto la superficie del mare. Osservando il mare da sopra, osservando, cioè, le aziende in superficie, sembrano simili. Analizzando, invece, come un antropologo, quel che accade nelle aziende, fuori dalle riunioni, fuori dalle occasioni formali, dalle conversazioni esplicite, si possono decodificare le norme non scritte. Come si comportano le persone quando sono fuori ufficio? Come prendono le decisioni quando sono le sole a doverle prendere? Come comunicano? Quali dati guardano? Di quante e di quali informazioni hanno bisogno per poter decidere?

Emergeranno così i "questo non lo facciamo" e i "non si fa così" o i "non è da Feltrinelli". Dettare una nuova strategia senza capire queste dimensioni profonde, senza averle ascoltate, analizzate, è come predicare nel deserto.

È inutile. L'azienda continuerà comunque ad andare nella stessa direzione, perché non si sentirà coinvolta nella nuova. Non si sentirà rappresentata da una leadership che non ne riconosce la cultura.

Avevamo detto, però, che il confine tra l'eredità come patrimonio e l'eredità come peso sta non solo nella dimensione interna, quanto cioè le persone ancora vivono l'insurrezione originaria dell'azienda come una fonte di ispirazione nel loro agire quotidiano, ma anche in una dimensione esterna all'azienda.

La dimensione esterna sta nella rilevanza sociale di quel patrimonio. Se si eredita un albergo in una località nel frattempo divenuta impossibile da raggiungere con l'auto, non è più un patrimonio ma solo un peso.

La rilevanza esterna può essere un fattore complesso da afferrare. Mentre analizzare la rilevanza interna è più facile perché si tratta di capire se le decisioni delle persone sono ancora oggi ispirate o meno dai princìpi iniziali, capire la rilevanza esterna del proprio patrimonio è più complicato perché lo sguardo può essere distorto. Per guardare il mondo le aziende usano spesso dei grandi caleidoscopi che, a seconda di come li si impugna e li si gira, mostrano realtà diverse.

Non fu difficile nel caso di Feltrinelli capire che l'insurrezione originaria del gruppo fosse ancora molto rilevante, sia internamente sia esternamente. Internamente era chiaro che le persone si muovevano ancora guidate e ispirate dagli stessi valori fondativi; esternamente era altrettanto chiaro che il mercato e, soprattutto, la società avevano ancora bisogno della "rottura" iniziale rappresentata dalla nascita di Feltrinelli, tanti decenni prima.

Usammo però questa duplice consapevolezza non come prigione della nostra identità ma come trampolino di uno sviluppo coerente. Ci domandammo, cioè, non solo cosa fecero i fondatori allora, ma soprattutto cosa avrebbero fatto oggi.

Qual era dunque lo sguardo distintivo dell'impresa che, coerentemente con lo strappo iniziale, avrebbe dovuto guidare gli sviluppi strategici futuri?

Non ci domandammo tanto se fare o non fare un determinato sviluppo, ma come farlo, come portare cioè la distintività dello sguardo Feltrinelli nei nuovi mercati. Perché è la costruzione di questi ponti flessibili tra passato e futuro che riesce a spostare l'orizzonte più in là.

Su queste stesse tematiche, ma per un'altra azienda, mi è capitato di recente di lavorare con Imd, la Business school di Losanna. Dopo un percorso di avvicinamento al mito fondativo e alla radice dell'"insurrezione" iniziale dell'azienda in cui all'epoca lavoravo, eravamo sicuri di essere arrivati al cuore della questione. Ci sentivamo come dentro la grotta, davanti al Sacro Graal; avevamo distillato l'essenza di quello che l'azienda era stata nel suo passato remoto e anche recente. Tutti erano d'accordo. Ma proprio quando cominciavamo a darci l'un l'altro pacche sulle spalle, il docente ci pose la domanda più difficile: capire cosa, della nostra eredità, non avremmo dovuto portare con noi nel futuro.

Cosa aveva cessato di essere rilevante, nella società o nel mercato di oggi, di quello che era stato fondamentale nella fondazione dell'azienda e nella fase eroica dello sviluppo? Cosa, ancora peggio, di quell'eredità avrebbe rappresentato oggi un ostacolo ad andare avanti? Cosa sarebbe risultato, per esempio, incompatibile con le logiche del mercato di oggi, con le esigenze dei clienti?

Ed è qui che il gioco si fa duro. Nell'opera di ricostruzione di ciò che fu rilevante, infatti, imitando antropologi e archeologi, si può giungere a qualcosa di condivisibile, poiché in fondo si tratta di capire "cosa fu". Ma nell'opera successiva di potatura, necessaria a far crescere l'azienda, rinunciando a ciò che, pur importante nel passato, non serve più nel futuro o, peggio, può impedirne lo sviluppo, siamo nel campo del "cosa sarà". E qui entrano in gioco le opinioni. Occorre decidere in quale scenario si vuole credere. E scegliere cosa portare con sé nel futuro, di quanto si è ereditato, e cosa no.

Il passato esercita la sua forza, la sua spinta inerziale. In aziende familiari, poi, le eredità hanno significati e livelli plurimi, sovrapposti e intrecciati, e già è difficile anche solo fare i conti con questa eredità, accettarla, direbbero i notai. Ma se a questo aggiungiamo anche il dovere di resistere alla forza del passato, facendo un'operazione di inventario, tanto per rimanere nella metafora notarile, e di accettazione parziale (cioè di rifiuto parziale), il compito per alcuni può essere letale.

Il futuro spinge e il passato tira. In mezzo sta il manager o l'imprenditore, che, se tale vuole essere, deve saper disegnare il futuro, ma saperlo al contempo innestare nel tronco originario, con accortezza, decisione e competenza. Per questo è necessario, innanzitutto, conoscere il passato e rispettarlo, anche se lo si vuole cambiare.

E torniamo così al crescere, al senso del crescere. Il paragone tra lo sviluppo di un'azienda e quello individuale di ciascuno di noi è molto calzante. Nell'infanzia ci si sente parte, tutt'uno con l'identità della propria famiglia. Poi si cresce, appunto, ci si differenzia. Si proverà persino repulsione, insofferenza. L'adolescenza serve a quello, anche. A sentirci autorizzati a sopravvivere fuori dall'alveo familiare. Poi si esce, si cresce ancora. Ma con la maturità arriva spesso un riesame equilibrato del passato, anche dei genitori, della nostra storia. E tutto quello che ci sembrava terribile quando avevamo diciotto anni, ora lo osserviamo con più clemenza. Forse riconoscendoci noi stessi in alcuni degli errori dei nostri genitori. Forse riconoscendo noi stessi nei volti fieri dei nostri figli. Quando la fame di futuro ha avuto una qual certa soddisfazione nella vita, si è anche meglio disposti nei confronti del passato. Ed è qui che il passato viene incluso nel futuro e il racconto si compie. Si integra.

Se non si capisce il proprio passato, nella vita come in azienda, se non si è disposti a includerlo in qualche forma nel proprio futuro, non si cresce.

5.
Presente

Affrontando il tema del futuro come dimensione primaria del *crescere* ho costretto il lettore a fare i conti con l'inevitabilità del passato. Ora, però, quando egli avrà forse creduto di aver raggiunto una visione tutto sommato completa delle cose, sono costretto a rilanciare e a includere nel quadro anche un terzo tempo, il tempo presente.

Con la speranza che non sia una sofferenza ma un piacere, come accade percorrendo le strade delle Langhe, quando si ha la sensazione di aver visto la collina più bella del mondo e subito dietro la curva ci si ricrede e se ne vede una ancor più bella, allo stesso modo, sia a chi si fosse appassionato al concetto del crescere come arte di occuparsi del futuro sia a chi invece abbracciasse l'idea che la cosa più importante sia assicurare solidità all'azienda ancorandola al passato, alla sua identità e alla sua cultura, stiamo per dare una piccola delusione.

Crescere è (anche) gestire il presente!

Finora abbiamo parlato del presente come nient'altro che il futuro di qualche anno fa. Abbiamo detto che il leader si è già occupato del presente quando si è occupato di futuro… nel passato. Sì, ma ci sono un paio di *caveat* che non possiamo omettere.

Il primo è che difficilmente il futuro si srotola davanti a noi esattamente come lo abbiamo pensato. I cambiamenti rispetto ai nostri piani e gli stravolgimenti degli scenari sono all'ordine del giorno. E questo non solo nell'era del Covid, della guerra in Ucraina e in Medio Oriente e dell'inflazione a doppia cifra che abbiamo vissuto negli ultimi anni ma anche in precedenza.

Il secondo *caveat* è che, anche nell'eventualità remota che gli scenari di mercato si srotolassero davanti a noi esattamente come e quando previsto, non è detto che i risultati dei nostri piani commerciali, di marketing o industriali o organizzativi siano sempre in linea con le nostre aspettative. Purtroppo per i manager, capita spesso che i prodotti o i paesi o le fabbriche o le persone deviino dalle performance attese e dunque il presente diventi in parte diverso dal futuro immaginato e la leadership, come il Gps del navigatore della nostra auto, debba "ricalcolare il percorso".

Possiamo dunque giungere a una prima conclusione relativa al tempo presente delle aziende: difficilmente i piloti delle aziende, una volta definito nel minimo dettaglio il piano di volo, possono inserire il pilota automatico e dedicarsi solo al piano strategico successivo o al piano di acquisizioni e di alleanze strategiche; dovranno mantenere una parte del loro cervello e della loro energia focalizzata sulla verifica delle ipotesi sottostanti al piano e sul monitoraggio dei risultati, per intervenire, in caso di scostamento della realtà dalle ipotesi di piano o di performance negative, ricalcolando, appunto, il percorso.

E quando le ipotesi e gli scenari si verificano esattamente come previsto e le performance dell'azienda sono perfettamente in linea con il piano strategico, di cosa si occupano i leader? C'è comunque da gestire il traffico interno all'azienda e non è cosa di poco conto!

Chiameremo *delega* e *organizzazione* questa funzione della leadership declinata al tempo presente.

Prima di tutto, definiamo cos'è il tempo presente di un'azienda in navigazione. Il tempo presente è fatto innanzitutto di persone e di organizzazione, che assicurino competenze e responsabilità ben definite su chi debba fare e chi debba decidere che cosa; il tempo presente è poi fatto di alcuni processi aziendali chiave, che garantiscano che l'azienda prenda le decisioni necessarie ad avanzare e compia le attività operative; in terzo luogo, il tempo presente è fatto della gestione della performance, ossia dell'attività che indirizzi l'attenzione e gli sforzi di tutti sul raggiungimento degli obiettivi del piano strategico, misurati secondo le metriche condivise in anticipo, e soprattutto che mobiliti le energie necessarie in caso di scostamento negativo da quegli obiettivi.

In primo luogo, dunque, ci si dovrà occupare di scegliere le persone, di stabilire e diffondere i valori chiave che devono ispirare l'organizzazione, cioè cultura e comportamenti: dall'ascolto del tempo passato (identità) e dalla definizione del tempo futuro (strategia) devono venire indicazioni chiare sul tipo di persone e sugli stili di leadership, che saranno da un lato compatibili e dall'altro funzionali al progetto d'impresa. Finché, però, si rimarrà sul terreno della cultura (scritta) e dei valori (teorici) non si faranno grandi passi avanti. Occorrerà trasformare queste indispensabili dichiarazioni di intenti in "comportamenti individuali e organizzativi attesi", cioè in stili di leadership concretamente espressi in comportamenti che ci si attende sia dagli individui sia dai team che compongono l'organizzazione.

Se un valore aziendale è, ad esempio, la "sicurezza prima di tutto" (*safety first*), ci si dovrà premurare non solo che questo valore sia ben spiegato e sinceramente assimilato nello schema valoriale individuale delle persone, ma anche e soprattutto del fatto che nei processi aziendali, per esempio nei processi di autorizzazione degli investimenti industriali, gli interventi sulla sicurezza abbiano un canale preferenziale e vengano discussi e approvati prima degli altri.

Quando si cambia la strategia aziendale, a volte non si considera che alcuni valori collettivi assimilati nei decenni del tempo passato rendono la nuova strategia inattuabile agli occhi dei più. Occuparsi di rimuovere queste barriere, lavorando nel profondo della cultura e dei comportamenti individuali e organizzativi, è dunque una delle funzioni chiave dell'esercizio della leadership nel tempo presente.

In secondo luogo, sarà fondamentale occuparsi di organizzazione, di delega, di responsabilità e di meccanismi di allineamento. Non è raro il caso in cui un nuovo leader prenda in carico un'azienda e, come prima cosa, metta mano all'organizzazione e alle persone chiave; è umano, scegliersi la propria squadra è un istinto naturale. È suggeribile, però, invertire l'ordine dei fattori e far precedere l'elaborazione del piano strategico al cambiamento dell'organizzazione ed eventualmente delle persone chiave. Questo renderà innanzitutto più digeribile il cambiamento organizzativo stesso, perché lo si riterrà funzionale alla nuova strategia e non dettato dalle sole convinzioni personali del nuovo leader. E poi consentirà di allineare i princìpi organizzativi e il modello decisionale alle nuove priorità di business e soprattutto alle fonti attese del vantaggio competitivo.

Scegliere l'organizzazione vuol dire ovviamente determinare l'assetto strutturale e anche le responsabilità decisionali lungo i processi dell'azienda. E significa studiare e realizzare quei meccanismi che, una volta assegnati le responsabilità e gli obiettivi individuali e di reparto, evitino l'effetto silos, con la deriva di ogni parte dell'azienda lungo la sua traiettoria, non funzionale al raggiungimento degli obiettivi collettivi. Il senso complessivo di questa parte del lavoro del leader nella gestione del tempo presente consiste in sostanza nel far sì che l'organizzazione abbia la delega per operare con ordine e allineamento e gli strumenti per realizzare la propria missione. È in questa specifica parte del lavoro del leader che si manifesta la leadership come arte di scomparire, di cui ho parlato nel mio libro *Leader ma non troppo*, in quanto, se tutto è ben organizzato e pensato, il leader potrebbe non dover quasi mai intervenire nella gestione quotidiana operativa, lasciandola interamente alla... leadership altrui.

Dopo essersi occupati, prima, della scelta delle persone e dei valori e, poi, dell'organizzazione e delle responsabilità, ci si dovrà, in ultima istanza, assicurare che le persone e l'organizzazione rimangano sempre focalizzate sulla performance, stimolando la condivisione degli obiettivi e la trasparenza nella comunicazione sui risultati. Se al punto precedente abbiamo introdotto il concetto di leadership come arte di scomparire, questo terzo punto è proprio l'area in cui al contrario la leadership è l'arte di intervenire: intervenire per ricentrare la conversazione dell'azienda sulla performance reale, sui risultati, sui numeri e sui fatti del mercato, e soprattutto intervenire per aiutare a risolvere i problemi più gravi delle aree in cui l'azienda non sta performando bene o in linea con i target. Avere chiarezza sui target è la premessa fondamentale di qualunque successo di squadra, ma anche avere trasparenza e condivisione nell'interpretazione della performance reale è decisivo per riuscire ad aggiustare il tiro in corsa e rimuovere le barriere impreviste per il conseguimento dei risultati aziendali.

Una volta definita la strategia, il piano di azione e l'organizzazione, si può davvero scomparire; ma quando emergono problemi rilevanti e inaspettati che impediscono di raggiungere gli obiettivi, il leader deve riapparire per aiutare, chiarire, supportare e se necessario, sì, anche intervenire in presa diretta.

Con queste tre "mosse" il leader, o meglio, i leader che avevamo descritto fin qui come impegnati principalmente nella gestione del tempo futuro e nell'armonizzazione del futuro con il tempo passato, tornano con i piedi nel campo del tempo presente, esercitano la funzione di delega e organizzazione, di gestione cioè dell'operatività quotidiana del business e dell'organizzazione, per assicurarsi che i mesi, i trimestri e gli anni a venire vadano ciascuno e tutti insieme nella direzione indicata nel piano strategico.

Un esempio cui ho assistito in prima persona, di rifocalizzazione sul tempo presente di un'impresa che appariva nella fase precedente troppo impegnata a progettare il futuro e che, per questo, stava perdendo presa sui mercati nel breve termine, fu quello della Barilla del 2012.

L'azienda usciva da un periodo di grandi slanci e di numerose innovazioni. Il futuro era l'ossessione. Si pensava che il *core business* avesse il fiato corto e occorresse, da un lato, innovare drasticamente il portafoglio prodotti e, dall'altro, cambiare radicalmente la cultura interna e la mentalità delle persone. Si erano lanciate iniziative di grandissimo respiro, come il Barilla Center for Food and Nutrition (divenuta ora la Fondazione Barilla); si era dato nuovo impulso al Barilla Lab, con l'ambizione di riconoscere alla formazione interna una profondità culturale e valoriale diversa; si registrò in quel periodo un ricambio manageriale e generazionale quasi senza precedenti, per arricchire le competenze dall'esterno e aumentare il profilo internazionale. Sul portafoglio prodotti fu fatto davvero tantissimo (troppo, con il senno di poi). Dalla frutta ai piatti pronti, dai cereali ai pesti e tanto altro, insieme all'apertura di una serie di cantieri di internazionalizzazione, che sarebbero germogliati solo dopo qualche anno.

I mercati però sono impietosi e le due crisi, quella del 2008-2009 e quella del 2011, non consentirono di raccogliere i frutti di quello sforzo. L'azienda si trovò nel mezzo della crisi dei mercati con molta, forse troppa testa nel futuro. E pochi, forse troppo pochi, piedi nel presente.

All'arrivo (dall'esterno) del nuovo Ceo, Claudio Colzani, che non a caso aveva un forte background commerciale, fu subito chiaro a tutta l'organizzazione che la musica sarebbe cambiata. Le ambizioni di crescita non sarebbero state ridimensionate, anzi si annunciò subito un roboante obiettivo a dieci anni, che però era sufficientemente lontano da fare spazio poi al vero messaggio alle truppe: senza oggi, non c'è domani. Mettiamo in ordine le quote di mercato e i volumi, focalizziamoci su mercati e clienti e al resto penseremo dopo.

Il primo giorno di lavoro di Claudio fu tutto un programma: la mattina facemmo una *in-home visit*, io ero capo del marketing e lo accompagnai a casa di due famiglie consumatrici di pasta per parlare con loro dei prodotti e delle abitudini di consumo. E il pomeriggio andammo con il capo delle vendite presso un grosso cliente, a discutere di piani commerciali e fatturati. Il messaggio era chiaro: consumatori e clienti, quindi marketing e vendite, sono la priorità; per la serie *primum vivere, deinde philosophari*.

Altrettanto significativa fu la decisione, di poco successiva, di introdurre in azienda tre meccanismi operativi molto semplici, quasi banali. Si trattava di accorgimenti poco innovativi, ma chiarirono a tutti che il focus doveva essere ribilanciato a favore dell'oggi. I tre accorgimenti furono: 1) richiedere a tutti i country manager del mondo di tornare a scrivere le lettere mensili al Ceo, in cui avrebbero riassunto e commentato i numeri e i fatti chiave della performance di business del mese precedente; 2) richiedere, a qualunque paese perdesse quota di mercato per due mesi di seguito, di redigere a beneficio del Board un piano d'azione che avrebbe dovuto invertire la performance entro trenta giorni; 3) imporre una drastica semplificazione degli obiettivi annuali dei manager, che passarono da otto-dieci a tre, due obbligatoriamente sul business e uno sull'organizzazione, cambiamento che obbligava alla scelta delle priorità e alla focalizzazione sulla performance.

Come già detto, nessuno di questi accorgimenti era innovativo né particolarmente sofisticato ma, quando si deve lanciare all'organizzazione il segnale che i risultati di oggi sono importanti per i massimi vertici della società, accorgimenti come questi possono funzionare.

Era chiaro a tutti che sarebbe cominciata una fase di rifocalizzazione sulle urgenze del presente e sul *core business*. Una fase in cui ai leader, che, in tempi buoni, possono permettersi di "scomparire", si sarebbe invece chiesto di ricomparire per aiutare, per chiarire, per dirimere o anche per risolvere in presa diretta un problema che l'organizzazione non è in grado di risolvere da sola. E accorgimenti come quelli descritti aiutano a sapere quando e dove intervenire nel tempo presente.

Un leader occupato solo dal tempo presente non fa il suo mestiere precipuo, non assicura cioè un futuro alla sua azienda, ma un leader che si distacca troppo dal tempo presente perde per strada le sue persone, i risultati e dunque la sua stessa azienda.

I risultati furono buoni, si tornò a crescere e seguirono poi altre stagioni, sotto la stessa guida, in cui il raggio di pianificazione riprese ad allungarsi.

In quegli anni molti di noi, cresciuti attaccati alla mammella dell'innovazione radicale e della pianificazione strategica a lungo termine, subimmo uno choc. Chi aveva vissuto altre fasi della propria vita professionale in cui l'operatività aveva avuto la priorità assoluta, recuperò il muscolo e ricominciò a usarlo. Chi invece, magari più giovane, era cresciuto in una logica in cui quel che conta è l'innovazione, perché di gestione del presente non si campa, visse momenti difficili. Altri, affezionati al passato, lo considerarono un tradimento della nobile eredità, dell'identità, come inevitabilmente accade di fronte a ogni cambiamento.

La verità, banale ma vero, era ovviamente al centro di tutte queste considerazioni. I poli della crescita di un'azienda sono sempre tre e non meno di tre: l'identità che viene dal passato, la strategia che si proietta nel futuro e la gestione che "inchioda" al presente.

Il pendolo si muove sospeso fra questi tre poli. Si cresce muovendosi fra questi tre poli. A tratti ci si sente attratti da uno, a tratti dall'altro. L'equilibrio di medio termine fra i tre assicura la vera crescita, non dimensionale, ma di personalità dell'azienda. Crescere dunque come spinta verso il futuro, inclusiva del passato e responsabile del presente.

6.
Squilibri

Chiunque abbia passato tanti anni in azienda o in un'altra organizzazione simile è senz'altro incappato in diverse culture, in diverse abitudini, in diverse tipologie di capo, stili di leadership, valori. Molto della cultura, dei valori, di ciò che è importante per un'azienda si capisce dal suo linguaggio. E dall'agenda delle persone che ci lavorano.

Di cosa si parla in azienda? Quali sono i temi più ricorrenti, le parole più usate? Quali sono le paure? Come si chiamano i desideri? E poi, ancora, come si organizza il tempo? C'è un calendario prestabilito di riunioni per tutto l'anno o si improvvisa al momento del bisogno? Si dà valore alla puntualità oppure no? Si preferisce essere tutti presenti o quel che importa è la bontà della decisione?

E i capi come sono? Stanno con il fiato sul collo, non lasciano spazio ai propri collaboratori, chiedendo continuamente aggiornamenti o pretendendo di rivedere insieme tutte le loro decisioni? Oppure hanno la testa tra le nuvole, sembrano assenti, distanti, impegnati in chissà quali attività che gli altri non sanno e risultano per nulla interessati o impegnati nella gestione operativa quotidiana? E qual è il rapporto dell'azienda con il cambiamento? Non si cambia mai nulla, si rimane ancorati a un modello superato, per paura di innovare e di rischiare oppure si cambia troppo e troppo spesso per paura di "perdere il mercato"?

Il rapporto di una cultura aziendale con il tema del

crescere può polarizzare l'azienda stessa su tre stili di leadership e su tre culture dominanti: le culture "operative", quelle "visionarie" e quelle "identitarie". Ogni pregio, si sa, porta con sé il relativo difetto e così succede anche nei temi che stiamo trattando.

È probabile che leader iper-presenti siano leader molto bravi ad assicurare la performance operativa nel breve; che leader distanti siano particolarmente portati a disegnare la traiettoria futura dell'azienda; e che leader identitari, infine, siano molto orientati alla preservazione della cultura e dei valori dell'azienda. *In medio*, come detto sopra, *stat virtus*, ma dipende anche dalla situazione di mercato dell'azienda.

Procediamo con ordine.

"Nel lungo termine siamo tutti morti"

Si potrebbe pensare che il leader operativo sia quello che non delega, che non lascia spazio ai suoi collaboratori. Ma non è così. Quello non è il suo stile, è il suo rischio di deragliamento. Lo stile è il modo di operare che adottiamo quando le cose vanno più o meno bene. Il rischio di deragliamento è il nostro *modus operandi* quando le cose vanno male, quando la pressione sale e quando la velocità aumenta troppo. Esattamente come un treno che corre troppo velocemente sulle rotaie. Se le sue ruote di destra hanno qualche difetto, è probabile che il treno deragli a destra. Al contrario deraglierà a sinistra.

La caratteristica essenziale del leader operativo, nelle situazioni normali, quando le cose vanno bene, non è quella di stare "con il fiato sul collo" delle sue persone. La sua caratteristica essenziale, anche quando le cose vanno bene, è quella di orientare la conversazione e l'intera performance dell'azienda sull'operatività, appunto, e spesso quindi sul breve termine. Si badi, orientare la conversazione e la performance sul breve non significa condannare l'azienda a morte precoce. In fondo, il lungo termine non è altro che la sommatoria di molti brevi termini. E spesso i leader operativi entrano in gioco proprio perché nel breve termine ci sono problemi da risolvere, senza risolvere i quali l'azienda non avrà alcun futuro remoto da gestire.

I leader operativi sono quelli che, se devono scegliere tra una riunione con le vendite sul budget, una con la direzione del personale sulla formazione e una con l'ufficio strategia sul piano quinquennale, non hanno dubbi e scelgono la prima. Vendite, marketing operativo, produzione, logistica, servizio clienti, acquisti... tutto quello che ha a che fare "fisicamente" con il prodotto e con chi il prodotto lo deve comprare è ciò che interessa ai leader operativi. Tutto il resto è un male necessario.

Il leader operativo lo si riconosce dalle domande che fa. Anche da quante ne fa. Questo genere di capi fanno domande di dettaglio, vogliono formarsi loro il quadro della situazione, congiungendo i puntini del disegno misterioso. Ragionano per induzione, dal particolare al generale, non vogliono che sia l'interlocutore a fare sintesi per loro, procedendo dalla sua conclusione generale agli elementi di dettaglio. Se le risposte alle loro dieci domande di dettaglio sono positive, allora la situazione è sotto controllo; altrimenti scatta l'allerta. Altri tipi di leader mirano allo stesso punto di arrivo (capire se la situazione è sotto controllo o no), ma ci arrivano per deduzione: faranno, cioè, domande generali e poi verificheranno l'affidabilità della risposta ricevuta con un paio di affermazioni di dettaglio. I primi si annoiano nel generale, i secondi nel particolare.

I leader operativi prosperano nelle aziende a cultura operativa, ovviamente. Aziende, cioè, in cui quel che conta, quello cui si dà valore, è ciò che accade oggi e domani. Essere concreti, essere pragmatici in queste aziende significa occuparsi di breve termine e di gestione quotidiana. E non lo dico in tono dispregiativo. Ci sono aziende, e alcune le ho viste da molto vicino, in cui, occupandosi l'intera organizzazione solo di breve termine, si è percorso comunque un lunghissimo cammino.

Resta, in quelle aziende, irrisolta la domanda se veramente nessuno si occupasse del futuro. O se, piuttosto, l'imprenditore, nel chiuso della sua stanza, non lo facesse quasi di nascosto, per non distrarre gli altri dal breve termine.

Resta comunque il fatto che la cultura dominante, la conversazione quotidiana, il suo linguaggio e il modello operativo sono tutti focalizzati sul tempo presente.

E resta, infine, il fatto che, se al tempo futuro si dà un'accezione più ampia del solo futuro del business per comprendere anche il futuro dell'organizzazione stessa, è difficile sostenere che l'imprenditore che se ne occupa nel segreto della sua stanza si interessi veramente del futuro della propria impresa. Perché tralascia l'aspetto più importante del futuro, che non è il portafoglio prodotti, la strategia clienti o le acquisizioni, ma è quello di insegnare ad altri come occuparsene.

"L'unica cosa che conta è il futuro"

Ci sono leader operativi, bravissimi nel presente, e leader visionari, bravissimi a immaginare il futuro. E ci sono di conseguenza culture aziendali in cui quel che conta sono i fatti e i dati del giorno e culture in cui quel che conta è l'innovazione e il cambiamento continuo.

Anche in questo caso, non è difficile riconoscerle. Basta ascoltare e osservare. In queste aziende tutto parla di futuro: la conversazione interna è focalizzata sui nuovi prodotti, sulle nuove acquisizioni, sui progetti di trasformazione (digitale, strategica, organizzativa), sull'apertura verso nuovi paesi, sull'acquisizione di nuove competenze, di nuove capacità organizzative, di nuovi centri di ricerca.

La leadership dell'azienda è impegnata intellettualmente e fisicamente nel disegno del futuro. Quando i capi girano per i corridoi fiutano i progetti di innovazione, le agende dei meeting sono focalizzate su quegli argomenti. Le persone che fanno carriera sono quelle che si occupano di innovazione, di ricerca.

L'orientamento dell'azienda è probabile che sia molto sbilanciato verso l'esterno, ma non tanto sui clienti (questo è più tipico delle aziende operative, che vogliono essere sicure di soddisfare al meglio i loro clienti attuali, oggi) perché non sempre i clienti sanno quel che vorranno domani, quanto verso centri di innovazione esterni, i fornitori, i concorrenti, gli altri settori industriali, le agenzie di comunicazione.

È probabile che in aziende di questo tipo ci si diverta molto. Non è garantito perché alla resa dei conti il divertimento ha molto a che fare con lo stile dei capi e con i loro comportamenti, ma è indubbio che una cultura orientata al futuro e all'innovazione è un buon punto di partenza per non annoiarsi.

Come si comporta un leader visionario con i propri collaboratori e come interagire al meglio con lui (o con lei)?

Ne ho già scritto in passato, riferendomi spesso al gran maestro dei leader visionari, Steve Jobs, per cui non mi dilungherò molto, se non per ricordare il grande vantaggio dei leader visionari e il loro grande limite.

Il vantaggio per le aziende è quello di garantire loro un portafoglio prodotti adatto al futuro. Il grande vantaggio per le persone che lavorano con i visionari è che riescono a fare quel che loro stessi, prima di essere sfidati dal capo, mai avrebbero pensato di riuscire a fare. La sfida del capo visionario fa male, ma fa crescere.

Il grande limite dei leader visionari per le aziende è che spesso si occupano di futuro in modo così ossessivo da dimenticare di controllare se dietro di loro c'è ancora l'azienda a seguirli. E scoprono in molti casi di essere arrivati a un risultato bellissimo, ma da soli. Il limite per le persone che lavorano con loro è evidente: spesso ne abusano. Lo stress che un leader visionario esercita sulle persone a più diretto contatto con lui è psicologico, emotivo, fisico, morale. In pochi ce la fanno. E non sono sicuro che ne valga sempre la pena.

Il futuro, se si ha la capacità di vederlo per primi, esercita su chi lo vede una potenza enorme (non tutta positiva). Diventa infatti un'ossessione perché, avendolo visto, si ha la sensazione di dover correre velocissimi perché è tutto così chiaro e perché qualcun altro può vederlo e approfittarne per primo. Ma questa stessa potenza, questa stessa energia, può diventare abrasiva su se stessi e soprattutto sugli altri. Spesso si sacrifica tutto per il futuro: il presente, il passato e le persone che popolano questi altri due tempi della vita di un'azienda. Di solito le uniche persone che interessano ai visionari sono quelle che li possono aiutare ad andare nel futuro (finché servono), tutti gli altri sono dati per scontati o sono di intralcio. La discriminazione è spesso feroce.

Essere visionari, insomma, non è sempre agevole: qualcuno lo deve fare, ma è uno sporco lavoro!

"La cultura si mangia la strategia a colazione!"

E poi ci sono i leader identitari. Sono quelli che, se i capi azienda fossero eletti dai dipendenti e non scelti dagli azionisti, verrebbero votati con consenso plebiscitario. Sono quelli, spesso cresciuti all'interno, nei quali le persone dell'azienda si riconoscono come allo specchio, quelli di cui tutti sentono che si possono fidare: "È uno di noi!".

Il tratto culturale fondativo delle aziende dove si afferma questo tipo di leadership identitaria è il tratto relazionale, affettivo, di cui parleremo più avanti.

Le relazioni tra le persone, i valori degli individui e dei gruppi, i comportamenti e il rispetto di alcuni canoni etici, quasi estetici, del gruppo sono tutte dimensioni che assumono una valenza fondativa del senso di appartenenza. Ci sono aziende in cui quel che distingue l'appartenenza o meno sono semplicemente la performance e i risultati. Ce ne sono altre in cui quel che conta sono i comportamenti e lo stile, nel senso più nobile del termine.

Si nota subito quando si entra in un'azienda di questo tipo. Solitamente lo stile è molto personale, orientato appunto all'inclusione, all'accoglienza, al consenso quasi. Difficile dissentire violentemente in queste aziende: se quel che conta non è il futuro, l'innovazione, e non è nemmeno la gestione del presente, ma il rispetto di una certa identità, di certi valori, sarà più facile osservare queste aziende conversare a lungo sul significato profondo di certe iniziative che non sul profitto che generano.

Lo stile prevalente sarà uno stile pacato, non esageratamente assertivo, non individualistico, non orientato all'affermazione della propria opinione ma all'approfondimento. Stiamo facendo la cosa giusta? L'avrebbero fatta quelli prima di noi? È in linea con il nostro percorso?

Questo genera di solito leadership calde, attente alla comunità, ma anche una certa lentezza o una certa stasi. Se è più importante l'identità rispetto al futuro, si può essere indotti a riflettere troppo prima di agire. Se conta di più il rispetto della cultura interna che l'urgenza del mercato, si può rischiare di distrarre troppo lo sguardo dai clienti e dai concorrenti.

Sono aziende, però, in cui spesso si fallisce tutti insieme e si vince tutti insieme, aziende in cui le persone si sentono accolte, unite. Come in una famiglia. E in questo paragone stanno entrambe le facce della medaglia. Chi non ha amato la propria famiglia? Chi non ha desiderato uscirne a un certo punto?

Le leadership identitarie sono fortissime e possono essere molto efficaci, a patto che gestiscano il rischio legato alla loro stessa forza: il rischio, cioè, di costruire mura troppo alte e troppo spesse che, mentre difendono dagli attacchi esterni, impediscono però ai membri della comunità di vedere cosa accade fuori. La deriva conservatrice è sempre il rischio delle culture fortemente identitarie, in azienda come in politica.

Squilibri

Abbiamo descritto tre forze diverse, la forza della performance, la forza dell'innovazione e la forza dell'identità. Ma abbiamo intitolato questo capitolo "Squilibri". Perché, come nel corpo umano, come in una macchina e come in qualunque sistema articolato, se una forza, se una componente è esageratamente più forte delle altre che compongono il sistema, c'è uno squilibrio, che va compensato in qualche modo.

Lo squilibrio verso l'identità, verso le relazioni, verso il passato, lo abbiamo già detto, è uno squilibrio che genera conservazione, stasi, immobilismo, paura. Sono aziende che non giocano per vincere ma per non perdere. Sono aziende che temono il paragone con il proprio passato più che la sfida rappresentata dal proprio futuro.

Lo squilibrio verso il futuro, verso l'innovazione, verso il progetto genera ansia, disagio, tensione, confusione. Sono aziende che cercano il nuovo a tutti i costi, spesso anche per motivi legittimi, ma che dimenticano di tenere insieme la dimensione sociale, umana, relazionale e men che meno quella identitaria. Si muovono più perché non riescono a stare ferme, come in preda a un tic nervoso, che non perché sappiano esattamente dove andare.

Lo squilibrio, infine, verso la performance immediata, verso il presente, verso l'operatività genera claustrofobia, ma forse delle tre è quella che rassicura di più dal punto di vista psicologico. Non ci si pongono domande cui è difficile rispondere (quelle sul perché e quelle sulla direzione); ci si limita a ripetere oggi i gesti di ieri, in maniera continuamente migliorativa. Chi sta bene in un mondo così, sta molto bene. Chi non ci si trova, lo abbandona. Finché il mercato consente a queste aziende di andare avanti in questo modo, sono isole abbastanza serene.

È evidente, dal tono e dal linguaggio che ho usato fin qui, che nessuno di questi squilibri però è veramente sostenibile nel tempo. Ed è evidente che ciò che è auspicabile è che in una stessa azienda, in uno stesso gruppo, coesistano tutte queste forze, quella volta al rispetto dell'identità, quella volta verso il futuro e quella attenta alla performance dell'oggi.

L'auspicio, dunque, non è quello di trovare un leader che integri nel suo profilo tutte queste istanze; l'auspicio è che il gruppo di vertice e la cultura aziendale nel suo complesso abbiano al loro interno tutte queste forze, come un organismo complesso in cui organi diversi svolgono funzioni diverse.

Alla base, però, deve esserci un ingrediente indispensabile: la consapevolezza dell'esigenza di questo equilibrio e l'autoconsapevolezza del proprio profilo personale (o del proprio squilibrio, se vogliamo), in modo che l'organizzazione e la cultura nel loro complesso possano mettere in atto i meccanismi compensativi utili a realizzare la necessaria armonia tra le diverse forze in gioco per la crescita di un'azienda.

7.
Muscoli

Fin qui abbiamo descritto la valenza e il significato di ciascuno dei tre tempi della crescita: il tempo futuro (il progetto), il tempo cioè della direzione strategica, ispirato dalla funzione di anticipazione e guida; il tempo passato (l'identità e la cultura), supportato da un'attenta funzione di analisi e comprensione; e il tempo presente (la performance), strutturato da una premurosa funzione di delega e organizzazione.

Ma come ci si muove tra questi tre tempi? E come si può aiutare un'organizzazione a muoversi con efficacia ma anche con senso di equilibrio e stabilità complessiva tra questi tre poli, comunque distanti tra loro?

A questo scopo, una crescita equilibrata deve essere corroborata da tre capacità fondamentali, da tre muscoli organizzativi: la capacità di comunicazione, l'empatia e l'ingaggio.

Comunicazione, tra passato e futuro

Un'organizzazione sociale è fatta innanzitutto di comunicazione. La parola è lo strumento principe con cui i leader si aprono la strada all'interno dell'organizzazione. Alla parola certamente devono seguire con grande coerenza i comportamenti, le decisioni e la scelta delle persone che rappresentino quelle parole, quei comportamenti e quelle decisioni. Ma la parola e la comunicazione sono fondamentali, perché solitamente precedono tutto il resto.

La parola è decisiva nel descrivere il percorso che dovrà condurre l'azienda dal tempo passato al tempo futuro, e poi nell'accompagnare le persone lungo questo percorso, in modo che non si perdano, non smarriscano il significato di quello che fanno; la parola ha un potere illuminante, chiarificatore, rinvigorente e rassicuratore.

La comunicazione efficace, chiara, coinvolgente e motivante sarà usata dai leader per indicare al resto dell'organizzazione la nuova rotta, scelta nel piano strategico, e per spiegare le ipotesi alla base del piano e i rischi valutati e le opportunità. E la parola sarà usata per aiutare a pianificare i giusti passi lungo quel percorso, incoraggiando chi sentirà incertezza, stimolando chi temerà di non avere i mezzi, temperando chi crederà di non aver bisogno di aiuto e così via.

La capacità di comunicazione servirà ai leader a supporto della funzione di analisi e comprensione, perché, se è vero che si capisce cosa si dice solo quando gli altri rispondono, la sintesi che ogni leader è chiamato a fare della situazione di partenza restituirà all'azienda equità nei giudizi, rispetto per gli errori, apprezzamento per i successi, chiarezza nella diagnosi e nell'indicazione dei punti di forza per il futuro.

In modo speculare, la parola sarà di supporto anche, e forse ancor di più, nella funzione di anticipazione e guida, perché è lì, con lo sguardo fisso verso l'orizzonte, che si scorgono orizzonti più ampi e più lontani di quanto facciano gli altri, ed è lì che le parole che i leader sceglieranno per descrivere ciò che gli altri non vedono faranno la differenza. Le parole giuste potranno motivare anziché spaventare, potranno stimolare anziché deprimere, potranno attrarre anziché respingere, potranno eccitare anziché raffreddare gli animi.

Steve Jobs faceva forse del suo modo di comunicare la sua vera arma vincente. Quando nel 2007 lanciò il primo iPhone, in una delle leggendarie riunioni interne, comunicò così la novità: "Questo è un giorno che ho atteso da due anni e mezzo," disse. "Una volta ogni tanto arriva un prodotto rivoluzionario che cambia ogni cosa. E Apple è stata... be', prima di tutto siamo stati fortunati ad aver avuto la possibilità di lavorare su uno di questi prodotti nella nostra carriera. Nel 1984 abbiamo presentato il Macintosh. Che non ha cambiato solo Apple, ma ha cambiato l'intera industria dei computer. Nel 2001 abbiamo presentato il primo iPod, che non ha cambiato solo il modo di ascoltare la musica, ma ha cambiato l'intera industria della musica. Bene, oggi vi presentiamo tre prodotti rivoluzionari di questo livello. Il primo: un iPod a tutto schermo con controlli touch. Il secondo: un telefono cellulare rivoluzionario. Il terzo: un dispositivo che rappresenta una svolta nelle comunicazioni via Internet. Allora, tre cose: un iPod a tutto schermo con controlli touch, un cellulare rivoluzionario, un device che è una svolta nelle comunicazioni via Internet. Un iPod, un telefonino, un device per Internet. Un iPod, un telefonino... Ci siete? Bene, non sono tre dispositivi separati. Ma uno solo, e l'abbiamo chiamato iPhone. Oggi Apple si appresta a reinventare il telefono. Ed eccolo qua..."

Sono centonovantacinque parole, per lanciare il prodotto che avrebbe cambiato la vita di miliardi di persone. In centonovantacinque parole riesce a inserire quell'evento in una cornice di senso condiviso, ricordando le pietre miliari in cui Apple aveva manifestato al mondo la sua missione rivoluzionaria (identità) e a descrivere in meno della metà delle parole totali le caratteristiche tecniche del nuovo prodotto (futuro). Ho scelto questo esempio, tra i mille, perché credo che meglio di altri esempi di retorica aziendale molto più elaborati e magniloquenti illumini sull'utilizzo (ossessivamente preparato, lo sappiamo dalle biografie di Jobs) della parola per anticipare il futuro e per farci "cadere dentro" le persone che la ascoltano. Un discorso in cui il protagonista è il futuro e non il discorso stesso.

Nella parte esplicita, logica e razionale della vita aziendale, la parola e la comunicazione sono decisive. La comunicazione dei leader è l'asfalto drenante su cui poggiano gli pneumatici dell'organizzazione lungo la strada che porta dall'identità (il tempo passato) al progetto (il tempo futuro).

Empatia, tra passato e presente

La seconda capacità fondamentale di un buon leader è l'empatia. L'empatia gli servirà sia per esercitare la funzione di analisi e comprensione in maniera autentica e con genuino interesse per le altre persone e per l'identità e la storia dell'azienda, sia per condurre le persone dal tempo passato al tempo presente, dalla consapevolezza cioè della propria identità e dei propri valori al raggiungimento di una buona performance sul mercato nel tempo presente.

Che cos'è l'empatia e perché serve così tanto al leader in azienda? L'empatia non è altro che la capacità del leader di porsi, di immergersi con sincerità e pienezza nella situazione delle altre persone o, più esattamente, di comprendere immediatamente i processi psichici dell'altro. E questo vale sia per le persone con cui si entra in contatto sia per le organizzazioni, perché le organizzazioni hanno una loro anima, un loro sentimento diffuso, valori e credenze, miti e riti, trofei e cicatrici, blocchi e punti trigger. Tutto questo, il leader, prima ancora di cambiarlo o anche solo di giudicarlo, ha il dovere di ascoltarlo e di capirlo. Se non fosse per altro che per rispetto, lo dovrebbe comunque fare per sapere su che pavimento e sotto quale cielo sta camminando. Perché sia il pavimento che il cielo condizioneranno o addirittura determineranno il successo della sua strategia, nel futuro, e anche della sua performance, nel presente.

Se l'ascolto, comunemente inteso, è ascolto delle parole, l'empatia è l'ascolto dei sentimenti e degli stati d'animo.

L'empatia, però, come tutti i sentimenti profondi, non si mostra: mostrare empatia è un'espressione a volte utilizzata in azienda, ma a ben guardare è un ossimoro mostruoso. L'empatia si prova, si sente, non si mostra. Mostrare empatia significa per esempio fare domande; provare empatia significa interessarsi alle risposte. L'empatia è anche un limite per un leader, come per un medico, che se è troppo pietoso fa la piaga purulenta. Il primo rischio dell'empatia, infatti, è che per generare eccellenza in azienda a volte occorre dare obiettivi quasi irragionevoli e l'irragionevolezza, se non ben veicolata, non si sposa con l'empatia. Il secondo rischio è che a volte occorre incidere la piaga, tagliare un ramo secco, prendere una decisione impopolare nel breve e per farlo occorre non confondere l'empatia con la popolarità.

L'empatia, se sincera e autentica, viene percepita istintivamente dalle persone e quando l'empatia salda, con il suo collante invisibile, il patto di fiducia, la transizione dal tempo passato al tempo presente, cioè la presa in carico della performance di business di breve termine da parte dell'organizzazione, è assicurata, perché le persone si sentiranno rispettate nella propria umanità, sentiranno l'azienda rispettata dai leader nella sua identità e nella sua storia, e allora daranno il massimo per ricambiare questo rispetto.

Un esempio classico che si usa spesso per spiegare il concetto di ascolto empatico è la scena del film di animazione *Inside Out* in cui Tristezza consola l'elefante Bing Bong, che ha appena visto gettare un razzo-giocattolo che lui e la sua amica Riley adoravano. La prima a consolare Bing Bong è Gioia, che prova con i suoi strumenti a convincere Bing Bong a superare la disperazione e ad alzarsi: "Ehi, si aggiusterà tutto vedrai! Noi possiamo rimediare, dobbiamo solo tornare al quartier generale. Da che parte è la stazione?" esclama, saltellando intorno all'amico. Ma Bing Bong è seduto, è fermo e non si vuole alzare: "Avevo programmato il nostro viaggio..." afferma sconsolato e immobile. Gioia prova con il solletico a farlo ridere e poi con le linguacce e infine con un goffo gioco per farlo muovere verso la stazione, ma l'elefante resta immobile nel suo dolore. È il turno quindi di Tristezza, che gli si avvicina con grande calma, gli prende la mano e gli si rivolge a voce bassa con tono sconsolato: "Mi dispiace che abbiano preso il tuo razzo... ti hanno preso qualcosa che amavi... è sparito per sempre... tu e Riley avrete vissuto avventure fantastiche... incredibile! A Riley sarà piaciuto molto... sì, è triste...". Bing Bong ha l'occasione di piangere e di sfogare tutta la sua tristezza, perché ha capito di avere accanto qualcuno che prova i suoi stessi sentimenti. E, subito dopo il pianto, si alza liberato e, con voce rasserenata, si rivolge alle amiche così: "Sto meglio adesso, venite, la stazione ferroviaria è di qua". Sbalordita, Gioia allora si avvicina a Tristezza e le chiede come ci sia riuscita e l'amica le risponde: "Non lo so, lui era triste, così ho ascoltato". È bastato essere ascoltati con reale interesse perché l'elefante rosa passasse dal dolore all'azione, dal passato al presente.

L'empatia, se autentica, è molto potente. Rispetto alla comunicazione, tuttavia, ha un solo problema: è difficilmente trasferibile con un corso di formazione. Per questo forse occorrerebbe parlare di caratteristica più che di capacità, perché l'empatia è un valore della persona più che una capacità del manager. Ciò non diminuisce, anzi, forse aumenta l'importanza di questo fattore fondamentale nell'esercizio della leadership in azienda. Ma lo rende maledettamente difficile da trasmettere come valore.

Ingaggio, tra presente e futuro

La comunicazione, se efficace, muove il cervello dal tempo passato al tempo futuro. L'empatia, se autentica, muove l'animo dal tempo passato al tempo presente. Ma sono l'ingaggio e la capacità di generarlo e di gestirlo che muovono l'azione dal tempo presente al tempo futuro. La comunicazione, infatti, come una cartina stradale indica la direzione, anticipa le difficoltà e spiega il modo di superarle e soprattutto rende desiderabile la meta finale del viaggio. L'empatia scalda la relazione in modo che chi vive nel tempo passato senta dentro di sé la fiducia necessaria a muoversi. Ma il fisico, il corpo, fino a questo momento non si è ancora spostato di un centimetro.

Perché migliaia, centinaia o anche solo decine di persone comincino a muovere i propri passi lungo il nuovo percorso, per quanto desiderabile sia, serve l'ingaggio, serve l'impegno, il coinvolgimento, la partecipazione. Tutti sinonimi della parola "ingaggio", che ben si accompagnano con l'aggettivo "reciproco", perché la dimensione fondamentale di questa capacità di leadership è appunto la reciprocità.

Non esiste ingaggio da parte delle persone se queste non percepiscono altrettanto ingaggio nei leader, non esiste impegno "dal basso" se non c'è impegno "dall'alto", non c'è coinvolgimento, partecipazione se questi non includono tutti.

L'ingaggio, il senso di ingaggio, è qualcosa che i leader costruiscono prima in se stessi e tra loro per poi trasferirlo al resto dell'organizzazione; è qualcosa che supporta molte delle funzioni classiche e tipiche della leadership e in particolare la funzione di delega e organizzazione (funzione in cui peraltro è decisiva anche l'empatia) e quella di anticipazione e guida. È una capacità tutta umana di mescolare razionalità ed emotività, convinzione e sentimento per muovere gli altri all'azione. Dimostrare agli altri il proprio convincimento e il proprio sentimento nei confronti del nuovo obiettivo e al tempo stesso identificare il legittimo interesse degli altri nel raggiungere quell'obiettivo e valorizzarlo. Valorizzare anche il contributo specifico e non solo collettivo e generico di ciascuno degli altri coinvolti nell'avventura (attività per cui serve prima aver esercitato empatia).

Una delle situazioni in cui ho personalmente vissuto al meglio la dimensione dell'ingaggio e del coinvolgimento reciproco tra i leader e il resto dell'organizzazione è stato quando in Barilla formammo una nuova regione di business, l'Europa, che si componeva di paesi, in cui le organizzazioni e i loro capi avevano una lunga continuità di esperienza locale, e di funzioni centrali, che, invece, erano tutte neonate e in mano a manager molto bravi ma piuttosto giovani rispetto a quelli dei paesi. Si trattava di trovare l'amalgama e forgiare un'interdipendenza che avrebbe dovuto smuovere tutti dal tempo presente al tempo futuro.

Ci riuscimmo con due accorgimenti. Il primo aveva molto a che fare con la funzione di delega e organizzazione: chiarimmo a tutti e a ciascuno i ruoli, con poche parole semplici che ripetevamo (e io come leader più spesso di tutti) con ossessiva disciplina, in modo che non ci fossero dubbi su cosa dovessero decidere i mercati e cosa le funzioni centrali. I mercati guidano, le funzioni supportano. I mercati sono gli attaccanti, le funzioni sono il centrocampo e la difesa. I mercati sono i piloti, le funzioni i navigatori. Tutti si sentivano parte della squadra, ma con ruoli chiari e senza che qualcuno si sentisse più importante degli altri.

Il secondo accorgimento fu molto soft: creammo una squadra di "uguali" che viveva tutte le esperienze insieme, dai viaggi alle business review, dalle cene in hotel alla colazione la mattina, dalla scelta delle persone chiave alle discussioni di strategia e di marketing; i leader capirono che "io" era una parola del tempo presente (serviva per gestire l'operatività) e la parola "noi" era l'unica parola utile a realizzare il futuro. Fu un'esperienza di coesione umana, empatica, di solidarietà, di crescita che ancora oggi tiene legati a distanza di molti anni tutti i membri di quella bellissima squadra. Avevamo generato ingaggio e coinvolgimento. Avevamo creato interdipendenza, attraverso l'ingaggio. Ci sentivamo davvero tutti sulla stessa barca. E raggiungemmo risultati molto positivi sia sul business che sullo sviluppo delle persone e dell'organizzazione.

La comunicazione è fatta di parole e apre la pista, l'empatia è sguardo e scalda la relazione, ma è l'ingaggio, che è fatto di umanità, quello che crea l'azione e consente a un'organizzazione di muoversi e raggiungere risultati ambiziosi.

8.
Equilibrio

Abbiamo descritto i tre tempi dell'azienda, il tempo passato, dell'identità e della cultura, il tempo futuro, della strategia e del progetto, e il tempo presente, della performance e dell'operatività. Abbiamo, poi, indicato le funzioni proprie della leadership, necessarie perché i tre tempi si raccordino tra loro: la funzione di analisi e comprensione, necessaria per capire l'identità, la funzione di anticipazione e guida, necessaria per disegnare un futuro possibile e, infine, la funzione di delega e organizzazione, necessaria a gestire l'operatività per il raggiungimento degli obiettivi nel tempo presente. E abbiamo individuato tre capacità che facilitano il movimento fra i tre tempi e le tre funzioni: l'empatia, innanzitutto, per entrare in ascolto e in contatto profondo con l'organizzazione e con le persone e per riuscire a smuoverle dal tempo passato verso il tempo presente e le sue scadenze; la comunicazione, poi, per chiarire la visione futura, renderla desiderabile e così attrarre le persone dal passato verso il futuro; e l'ingaggio, infine, per assicurarsi che al convincimento segua l'azione e che le persone, dunque, si muovano fisicamente dallo stato attuale delle cose, dal tempo presente, alla realizzazione concreta del tempo futuro.

Osservando ora con uno sguardo d'insieme lo schema completo dei tre tempi, delle tre funzioni e delle tre capacità, risulterà evidente come in ogni azienda, e forse in ogni organizzazione complessa, esistano due ambiti: uno esplicito, evidente, logico e supportato da parole e decisioni, che chiameremo l'ambito del cambiamento strategico; e l'altro, implicito, spesso nascosto perché profondo, ricco non di parole ma di comportamenti, non di decisioni ma di azioni, che chiameremo l'ambito del cambiamento culturale.

In ultima istanza, la crescita e la maturazione di un'azienda hanno molto a che fare con la gestione efficace, contemporanea e bilanciata di queste due parti della sua agenda: il cambiamento strategico, di business, necessario a tenere l'azienda in sintonia con il mercato; e il cambiamento culturale, indispensabile per radicare la strategia nella struttura profonda dell'azienda, dell'organizzazione, delle persone.

Per questi motivi, credo che la definizione che riassume al meglio il ruolo dei leader come pivot dei tre tempi dell'azienda sia quella di *leadership equilibrata*, una leadership, cioè, che ricerca non solo l'equilibrio tra sé e gli altri elementi del sistema, ma soprattutto che tenga in equilibrio i tre tempi dell'azienda.

Molte leadership aziendali, infatti, sono sbilanciate su uno o su due dei tre tempi. Alcuni leader visionari focalizzano tutto sul futuro e sul progetto di cambiamento della strategia o del business model dell'impresa. Sono spesso leadership visionarie, che attraggono carismaticamente molto consenso, dentro e fuori dall'azienda. Se però non equilibrano bene gli altri due tempi rischiano, da un lato, di non cogliere il potere nascosto e profondo della cultura e dell'identità di un'impresa nel momento in cui trascurano il tempo passato, illudendosi di poter cambiare direzione di marcia al business, senza raccordare bene questa ambizione con l'inerzia identitaria e culturale di cui ogni storia si fa portatrice. Dall'altro lato, quando trascurano il tempo presente, rischiano di perdere il contatto con l'operatività e dunque, banalmente, con i risultati di breve termine, di cui ogni percorso strategico ha bisogno come delle stazioni di posta avevano bisogno i viaggiatori a cavallo nei lunghi viaggi dei secoli passati.

Esistono poi, al contrario, altri leader operativi che sono molto forti nella gestione del tempo presente, con un grip diretto sull'operatività e sulla performance di breve termine; spesso inanellano in questo modo una lunga serie di buoni risultati, ma non investono abbastanza energia sul progetto futuro, con il rischio che un giorno, al mutare delle condizioni di mercato, la performance dell'azienda cominci a peggiorare senza che ci sia all'interno dell'organizzazione l'abitudine alla riflessione strategica o anche solo alla conversazione strategica, utile a identificare un nuovo percorso.

E infine esistono molti leader identitari, che hanno una fortissima connessione con il cuore dell'organizzazione, con l'anima, con la cultura agita e profonda dell'azienda e che però trasformano spesso l'identità, e la loro personale associazione con questa, in una barriera al cambiamento e in un ostacolo alla progettazione di un futuro diverso. Questi leader vantano spesso alti tassi di soddisfazione e di consenso interno, ma corrono il rischio di essere superati dal mercato e dagli eventi, perché non abbastanza impegnati nel progetto strategico futuro.

Lo sviluppo, la maturazione e quindi la crescita equilibrata di un'azienda è, però, quella che si muove costantemente fra i tre tempi di ogni vicenda aziendale; che mette in dialogo costante queste tre istanze di ogni organizzazione, riuscendo al tempo stesso in tre compiti molto difficili:

1) provare un sincero rispetto per la storia, per l'identità e per la cultura profonda dell'azienda, cogliendone i tratti genetici utili al tempo futuro e traslandoli nel progetto strategico e al tempo stesso superandone i tratti non più utili al futuro, lasciandoli nel passato, senza che per questo qualcuno si senta offeso, incompreso o emarginato;

2) delineare una nuova visione per il business e per l'organizzazione, comunicarla con chiarezza, condividerla con tutte le diverse parti e le varie sensibilità dell'azienda, evitando così il rischio di rimanere nel tempo presente o, peggio ancora, in quello passato e andando invece incontro alle mutate esigenze del mercato e del settore;

3) assicurare risultati di business positivi e mantenere

alto il benessere dell'organizzazione nel tempo presente, grazie a organizzazione, processi, sistemi e persone in grado di gestire efficacemente ed efficientemente l'operatività e grazie anche a meccanismi di allineamento e riallineamento continuo che garantiscano il focus sul risultato.

Perché l'azienda sia in equilibrio, si richiede certamente una funzione di leadership laboriosa e multiforme: si richiede, infatti, ai leader l'esercizio concomitante di attitudini e capacità tipicamente opposte o tendenti verso obiettivi opposti. È dunque un modello, quello della leadership equilibrata, molto faticoso e proprio per questo occorre che i leader sviluppino almeno due strategie di sopravvivenza.

La prima prevede che il leader accetti di essere il direttore d'orchestra di questo complesso sistema e non il primo violino di ciascuno dei tempi dell'azienda. Ne ho parlato nel mio libro *Leader ma non troppo*. Una leadership generativa che, quasi scomparendo dal proscenio, si ponga come principale obiettivo quello di generare altra leadership garantirà al leader il tempo, l'energia necessaria per occuparsi dell'orchestra e non di ogni singolo strumento.

La seconda strategia di sopravvivenza è l'autoconsapevolezza (del proprio profilo di leadership, sia esso più orientato all'identità o all'operatività o alla strategia) come premessa della formazione di una squadra che si completi.

La leadership come sport di squadra implica che, se un capo è più visionario e meno portato per l'operatività o per i temi di cultura, cerchi rapidamente un direttore delle risorse umane che sappia presidiare bene i temi della cultura organizzativa e della people strategy e un direttore commerciale o un chief operating officer che sappiano presidiare bene i processi operativi del tempo presente. Se invece un Ceo sarà più orientato all'operatività e meno alla visione, abbia l'accortezza di affiancarsi un chief marketing officer o un chief strategy officer che lo inducano a pensare al futuro più spesso di quanto farebbe di sua sola iniziativa. O se infine un leader sarà più occupato a coltivare i temi dell'identità e della cultura aziendale, si circondi di una squadra di visionari e di operativi, in modo che su quella forza culturale, che lui garantirà e anzi stimolerà, si innestino i progetti e la gestione operativa di cui nessuna azienda può fare a meno.

La leadership equilibrata, dunque, non lo è solo perché bilancia i tre tempi della vita di ogni azienda, ma anche perché poggia la sua forza su una squadra equilibrata, sia in verticale (dove il leader è leader di leader e non di esecutori) sia in orizzontale (perché il leader completa le sue debolezze con le forze altrui).

Vivere il cambiamento

Abbiamo correlato entrambe le "zone" dell'agenda strategica di un'azienda, quella del cambiamento strategico e quella del cambiamento culturale, al concetto appunto del *cambiamento*.

Abbiamo forse dato però per scontato un passaggio che merita invece di essere esplicitato: la vita di un'azienda è cambiamento. Non esiste crescita senza cambiamento. È utile forse chiudere questo capitolo affrontando un'obiezione che spesso non viene articolata esplicitamente e che invece nelle aziende rappresenta un muro di gomma che respinge l'iniziativa e il cambiamento.

È proprio necessario cambiare?

La necessità del cambiamento è spesso, legittimamente, argomentata con la grammatica del mercato e della concorrenza.

Ovvio che sia così: se un'azienda non cambia per adeguarsi al mercato, che a sua volta cambia continuamente, è destinata a uscirne. E se stessimo qui scrivendo di strategia, sarebbe opportuno usare la grammatica del mercato per argomentare circa la necessità del cambiamento.

Qui stiamo, tuttavia, parlando di maturazione delle aziende, di sviluppo, e per questo il miglior argomento a supporto del cambiamento, più ancora della grammatica del business, è la grammatica della vita. Il cambiamento che la leadership aziendale deve costantemente assicurare assomiglia infatti molto al cambiamento che ciascuno di noi affronta nella propria vita e in quella delle persone cui vogliamo bene, i figli in primis. Anche in azienda, infatti, cambiare significa consentire alla vita di procedere. Non cambiare al contrario significa impedire alla vita di fluire. Può apparire forte come argomento, ma in fondo il vero contrario di cambiamento è *morte*.

Sono molti, troppi, a ostacolare il cambiamento perché lo considerano un tradimento dell'identità. Solo se si capisce che il contrario di cambiamento non è *identità* ma *morte*, si comprenderà invece l'inevitabilità dell'evoluzione, del cambiamento, sia di quello strategico che di quello culturale. Se si considera il cambiamento non come tradimento dell'identità ma come manifestazione di vita, si capirà perché ho insistito così tanto sul concetto di equilibrio. Un equilibrio necessario a tutte le forme di vita per mantenere le parti in armonia e far convivere le varie istanze. Un equilibrio in movimento.

La grammatica della vita, dunque, aiuta a comprendere la dinamica vera della crescita in azienda. Ma anche – ne abbiamo parlato all'inizio di questo libro – la grammatica del racconto, delle storie ci può aiutare a capire.

Ogni racconto, lo abbiamo detto, ogni storia comincia da un punto di partenza, proprio come in azienda c'è una situazione di mercato iniziale da cui si parte per disegnare un nuovo percorso strategico. Nelle storie, perché siano tali, accade sempre qualcosa che cambia lo status quo, avventure, disavventure, capovolgimenti di ruoli, sorprese, proprio come nella gestione di un'azienda. Dopo le avventure, dopo il viaggio, si arriva alla conclusione della storia.

Le differenze tra un tipo di storia e un altro stanno soprattutto in quello che accade nel mezzo della storia stessa. È qui che succedono le cose più interessanti, che si dipana la trama inaspettata. Ed è qui che i tipi di storie si differenziano davvero. Se il contesto cambia ma il protagonista della storia non cambia mai e ciononostante alla fine vive felice e contento… siamo in una favola. Se invece, in risposta ai cambiamenti del contesto, il protagonista cambia così tanto che perde la sua identità… siamo nel dramma. Solo quando il protagonista, al mutare del contesto, evolve ma non perde mai la sua identità profonda, siamo nel campo delle storie vere o verosimili con un lieto fine.

Le favole non esistono, purtroppo, men che meno in azienda. Quindi alle aziende non resta che il dramma o il lieto fine. E, semplice ma vero, la differenza sta solo nell'accettare, anzi nel guidare il cambiamento, senza perdere l'identità.

Nella mia vita lavorativa ho spesso tenuto in mano questi ingredienti, in aziende grandi e con storie lunghe. Recentemente, però, ho incrociato i temi del cambiamento, della crescita e della leadership a cavallo tra due generazioni in un'azienda molto diversa da quelle in cui io ho lavorato, molto più piccola, che però si stava facendo domande grandi. E siccome non sono le dimensioni a determinare lo stato di maturazione di un'azienda ma sono le domande che essa si pone, userò questo racconto per parlare di *equilibrio*.

La C&P offre servizi di sanificazione e pulizie industriali alle più importanti aziende alimentari italiane. Se i biscotti di Mulino Bianco, le merendine di Ferrero, il caffè di Lavazza, gli hamburger di Cremonini, i tortellini Rana e tanti altri prodotti che entrano nelle nostre case ogni giorno sono così buoni e soprattutto così sicuri, un po' del merito va anche alla C&P di Chieri che ogni notte pulisce, sanifica e sorveglia l'efficienza delle più importanti linee industriali alimentari in tutta Italia.

Fino a pochi anni fa C&P era una piccolissima realtà, una di quelle tante piccole aziende familiari di cui le province italiane pullulano. Ma poi è cresciuta nelle dimensioni. E non solo.

Arrivarci, a Chieri, per chi come me ama la storia d'Italia e i paesaggi, è già un'esperienza. Il Piemonte, con quel misto di campagne operose e bagnate, con quei castelli rosso mattone, che sbocciano come dalle mie parti crescono le querce, e con quell'ordine civile delle cose e delle case, continua a interrogarmi ogni volta: come sarebbe stata la nostra storia se a governarci avessero continuato loro, i piemontesi? E anche nel capitalismo, nel fare industria, si respira da queste parti qualcosa di diverso dall'industrioso egoismo meneghino. Esiste una piemontesità, non c'è dubbio e, anche se non so bene come descriverla, in C&P, a partire dall'accento e dalla sobrietà, la si riconosce subito.

A raggiungermi è Andrea Franco, il figlio del fondatore Ettore e oggi amministratore delegato dell'azienda, scrivendomi su LinkedIn. Ha letto i miei libri, che cita a tratti a memoria, e vuole che lo aiuti a mettere in pratica alcuni di quei concetti nella sua azienda. La cosa mi lusinga, mi diverte, mi sorprende anche, e decido di andare. Ci vedremo diverse volte, ma non ne serviranno più di una o due per mettere bene a fuoco il punto vero della questione.

L'azienda in pochi anni, da quando l'ha presa in mano Andrea, è passata da quattro a venti milioni di euro di fatturato, crescendo da una piccola realtà regionale a uno dei leader nazionali nel settore alimentare, che ha ambizioni e piani concreti per crescere molto di più ancora. Un passaggio generazionale che ha funzionato, dunque. Sì, ma Andrea ha capito che crescere non è una questione di numeri, occorre farsi qualche domanda in più. Ha capito che crescere è una questione di sguardo o, come dice lui spesso, di postura. Si può quintuplicare il fatturato ma, se non si è cresciuti nello sguardo, nel modo di stare al mondo, non si va molto lontano. Come un ragazzo che può essere anche arrivato a un metro e novanta di altezza, ma se non ha la testa e lo sguardo di un adulto, non è realmente ancora cresciuto.

Quando ha preso in mano l'azienda, Andrea ha guardato avanti, ha dato senz'altro priorità al tempo futuro, con qualche inevitabile lacerazione con il papà e con alcune delle sue persone. Ha provato a cambiare quel che secondo lui bisognava cambiare. Ha provato a disegnare un futuro diverso, più grande, più professionale nella gestione. Ha affrontato una prima managerializzazione dell'impresa e qualche conflitto in famiglia. Sentiva che il tempo passato era importante, perché dava identità e solidità, oltre che capacità e reputazione. Era stato in grado di gestire un tempo presente impetuoso, sfruttando le sue doti di relazione con i clienti attuali e con quelli futuri, per allargare la base ed espandersi in Veneto, in Lombardia e poi al Sud, fino in Puglia, in Campania, in tutta Italia insomma. Ma si rendeva conto che il futuro che si stava delineando davanti ai suoi occhi non era la giusta prosecuzione della loro storia, del loro passato. Ha avuto molta fame di crescere, ha realizzato una grande espansione, non si è fatto schiacciare dall'eredità di un papà cui pure vuole molto bene (e si capisce subito da come ne parla). Tuttavia, quando ha fatto le prime mosse sbagliate nell'organizzazione e nella leadership, lo ha subito sentito sulla sua pelle (la forza del passato!). Ha capito che non era quella la strada giusta per la sua azienda. Ma anziché fare nuove scelte, rischiando di ripetere l'errore e diventare come spesso capita un "errante seriale", si è fermato e si è fatto le domande giuste.

Abbiamo parlato due giorni interi e, applicando lo schema dei tre tempi (futuro, passato e presente), non ci è voluto molto a mettere a fuoco i tratti fondativi dell'azienda, gli elementi distintivi della sua strategia e, di conseguenza, i tratti fondamentali della cultura. Disegnammo insieme la mappa e a un certo punto chiesi ad Andrea: "Questa è la tua azienda. Questa è la tua azienda come l'ha costruita tuo padre. Ti ci riconosci?". Andrea ci si è riconosciuto immediatamente. E suo padre con lui!

Con quella mappa concettuale davanti agli occhi, fu subito evidente anche il motivo per cui alcune delle decisioni organizzative e di leadership, prese nei mesi precedenti e rapidamente fallite, erano in effetti sbagliate. Spesso le cose, anche quando sentiamo che sono sbagliate, non capiamo perché lo siano solo perché ci manca il metro con cui misurarle.

Descrivendo in una o due pagine l'azienda e la sua cultura, non avevamo fatto altro che scrivere il loro passato, la loro identità, i loro valori ma anche il loro modello operativo, che li aveva resi così distintivi e che aveva determinato il loro successo sul mercato. In genere gli imprenditori non apprezzano i discorsi sulla cultura aziendale perché chi gliene parla lo fa in modo astratto, tradendo il concetto vero di cultura, che non solo è qualcosa di molto tangibile, ma spesso è anche il vero e unico vantaggio competitivo di molte aziende.

È più importante il sistema di controllo di sede o l'efficacia operativa e la flessibilità operativa nelle fabbriche? È più importante ascoltare, in questa azienda, o dare le risposte? È più determinante la focalizzazione sul settore alimentare o la capacità di reperimento veloce della manodopera? E così via. Descritto il passato in un modo tale da suscitare istintivamente consenso, potevamo passare a parlare di futuro e poi di presente.

Dai valori passammo in poche riunioni al profilo delle persone e poi all'organizzazione. Dal modello operativo alla strategia futura. Fino alle decisioni che naturalmente discendono e che riguardano i ruoli, a cominciare da quello dell'imprenditore, dei suoi manager, del centro, della periferia.

La differenza nel lavoro svolto con C&P non fu la sequenza delle domande che feci ad Andrea (che sono sempre le stesse in tutte le aziende, grandi o piccole): la differenza fu lo sguardo. Lo sguardo, la postura di chi, alla guida di un'azienda di successo, che cresceva in dimensioni e fatturato anno dopo anno, aveva capito in anticipo che i tre tempi della sua azienda non erano in equilibrio. Aveva capito che il tempo passato aveva tracciato una linea di reputazione e di capacità molto solida ma che serviva un nuovo slancio; era stato capace di dare questo slancio nel tempo presente, accelerando la mietitura e ampliando il raggio di azione; ma aveva anche capito che il tempo futuro che si stava prospettando non era coerente, non era in equilibrio con gli altri due tempi dell'azienda. E si è fermato, ha chiesto aiuto, si è fatto le domande da grande azienda prima di diventare un'azienda grande.

Quello che mancava per tenere in equilibrio il futuro con il presente e soprattutto con il passato era un processo di autoconsapevolezza sulla cultura aziendale. Il cambiamento strategico non era stato accordato con quello culturale. Il passato, le persone del passato non si riconoscevano più nel presente e in questi casi prima o poi anche i clienti smettono di riconoscersi. A meno che – come Andrea Franco ha fatto – non si intervenga per tempo.

Ci focalizzammo quindi innanzitutto sulla cultura, ascoltammo bene, in modo sincero e inclusivo, gli attori del tempo presente, per verificare quale fosse effettivamente l'umore e lo stato dell'organizzazione. E, dopo la grande crescita degli anni precedenti, potemmo scrivere una nuova agenda per il tempo futuro, che non tradisse gli altri tempi ma costruisse su di essi.

L'equilibrio della seconda generazione in questo caso è stato quello di non tradire la propria legittima ambizione di andare oltre, di crescere nelle dimensioni, nello sguardo, nell'orizzonte; ma al tempo stesso di non tradire l'eredità dei valori e dell'identità del tempo passato né di caricare il tempo presente di peso eccessivo.

"Tutta la genialità della prima generazione ha incontrato tutta la voglia di fare bene della seconda," commenta ora Andrea Franco. Il lavoro di consolidamento della cultura della prima generazione fece sentire il fondatore rispettato e incluso. E non solo lui. Chi in azienda c'era da molto tempo vide il passato di nuovo valorizzato. Silvia, che con il fondatore aveva fatto tanta strada, scrisse ad Andrea: "Come il figliol prodigo, torniamo a casa per creare una nuova alleanza, facendo pace con le radici per continuare a crescere, con mattoni solidi, che non permettano a nessun lupo di distruggere la casa". Il futuro si saldava con il passato. Si cominciò a parlare di una Academy interna per trasmettere formazione e cultura. Di raccogliere le testimonianze del fondatore circa gli episodi fondativi che sarebbero serviti in futuro per capire esattamente "come si fanno qui le cose".

Bilanciare il futuro con i valori del passato, ci tengo a sottolinearlo, non è solo una questione etica o identitaria; è innanzitutto una questione strategica. I valori, se li intendiamo come qualcosa di molto concreto e non di astratto, che guidano i comportamenti delle persone e dell'organizzazione nella quotidianità dell'impresa sono il vero tessuto neuronale dell'azienda. Impostare il futuro della C&P come se si trattasse della più grande tra le aziende multinazionali, senza tenere conto di quali siano i valori che hanno portato dal passato al presente, è il modo più facile per fallire.

Lo spirito di servizio, l'ascolto degli altri e del singolo cliente, l'orientamento alla soluzione immediata e personalizzata al singolo "cantiere" (come lo chiamano in C&P), insieme a un'informatizzazione spinta del processo operativo, erano stati da sempre gli ingredienti del successo e della distintività della C&P nel suo settore. Cambiare questi elementi non era sbagliato per questioni di rispetto verso i fondatori o per questioni etiche, ma innanzitutto per motivi competitivi e quindi strategici. La seconda generazione si poneva in ottica generativa le domande sul futuro, ma le poneva in una prospettiva che includeva il tempo passato e quello presente. In equilibrio, appunto.

Il futuro non sarebbe stato una replica del passato, come già il presente non lo era più, ormai. Ma le domande che ci si poneva sul futuro (Come organizzarci? Che profilo di leader vogliamo avere in azienda? Su cosa investire come area strategica fondamentale?) trovavano risposta in una prospettiva lunga, in un racconto, quasi, che includeva anche il tempo passato.

Leadership per cambiare, equilibrio per non perdersi.

9.
Governo

Tutto ciò che è vita sociale e anche molto di ciò che è vita dell'individuo richiede energia creativa, ma anche governo, serve un principio di organizzazione, di ordine, che aiuti a capire chi deve fare cosa, e quando. Certo che esistono esempi di vita senza un apparente governo, come forse la giungla, dove la vita scorre senza un ordine imposto dall'uomo. E funziona, nel senso che si mantiene, prospera e, compatibilmente con le condizioni climatiche e in assenza di attività dell'uomo, si espande e conquista nuovi spazi. Non a caso, in italiano diciamo "Qui è una giungla!" proprio quando ci riferiamo a un ambiente, un'organizzazione in cui regna il caos e non si capisce nulla su chi debba fare cosa, e quando.

Le forme di vita sociale, specialmente quelle più sofisticate e articolate, solitamente non si ispirano, però, ai princìpi organizzativi della giungla, ma si dotano, in fasi diverse del loro sviluppo, di regole e di norme.

Non a caso, in uno dei modelli teorici più diffusi sulla dinamica dei gruppi, quello introdotto dallo psicologo americano Bruce Tuckman nel 1965, alla fase della formazione del gruppo (*forming*) e all'inevitabile fase dello scontro fra i membri del team (*storming*), che devono trovare un loro equilibrio di funzionamento per poter lavorare efficacemente insieme, segue sempre la fase della normazione (*norming*), in cui, grazie anche al ruolo abilitante del leader del team, si risolvono i conflitti di personalità e di attribuzione di ruoli, si crea intimità e si comprende che il bene superiore può essere raggiunto soltanto attraverso una forma di collaborazione organizzata. Solo così si potrà arrivare alla fase dell'efficacia (*performing*).

Chiunque sia stato giovane, nella propria vita come in azienda, avrà attraversato quella fase in cui ogni regola sembra intollerabile. Più ancora dell'autorità altrui, poi, sembrano intollerabili i processi. I processi e le procedure in azienda spesso uccidono lo spirito creativo, spengono l'energia dei giovani, perché sostanzialmente fungono solo da gigantesca polizza assicurativa stipulata dai pavidi contro il rischio del fallimento. Quel che conterà, quando l'inevitabile fallimento arriverà, non sarà capirne il perché e farne tesoro, ma poter dimostrare di aver rispettato i processi e le procedure interne nel corso del progetto, in modo da non esser mai chiamato a rispondere del merito delle decisioni prese. Molti dei processi e delle procedure aziendali, più che a mettere le aziende nelle condizioni di vincere, servono a far sì che "non perdano". Le aziende "non perdenti" sono una tipologia molto diffusa e studiata anche dalla letteratura, in cui quel che conta è la riduzione del rischio, la conservazione e la protezione dell'eredità. È la paura che governa quelle imprese.

La reputazione dei processi e delle procedure in azienda, per questo motivo, è terribile. Un giorno, in un documento programmatico interno all'azienda in cui lavoravo all'epoca, invocai "meno processi e più decisioni" come uno dei princìpi guida che avrei voluto seguire. Mi si accostò il direttore delle risorse umane, un maturo signore, un gentiluomo, ex auditor, che quindi dell'analisi e del rispetto delle regole e dei processi aveva fatto una ragione di vita, e mi disse: "Guarda, Giuseppe, che un processo ci vuole sempre e un processo non deve essere necessariamente complicato; un processo può anche essere semplicemente: Decide Giuseppe!".

Devo ammettere che colpì la mia attenzione. Cambiammo il principio in "meno burocrazia e più decisioni". Un processo ci vuole sempre. Un governo, cioè, ci vuole sempre. Un governo dell'azienda.

Come spesso accade, quando una cosa diventa molto importante in azienda, arriva un termine inglese a sancirne la rilevanza e in questo caso il termine è *governance*, cioè l'insieme dei princìpi, dei modi, delle procedure per la gestione e il governo di società, enti, istituzioni o fenomeni complessi. Quando il termine *governance* viene poi accostato al termine *corporate*, formando così l'espressione *corporate governance*, sta a indicare il metodo e la struttura organizzativa con la quale si distribuisce il comando tra i dirigenti di un'impresa. Chi decide cosa e quando, appunto.

Ma questo non è un manuale di organizzazione aziendale e neanche un saggio sulla corporate governance, quel che ci interessa approfondire qui è il tema del rapporto che c'è tra *crescere* (nel senso, spero ormai chiaro, di maturare, evolvere) e *governare*, cioè *governance*.

Quando possiamo dire che i nostri figli sono cresciuti? Quando hanno raggiunto la loro statura di adulti? O quando hanno sviluppato la loro sessualità? Quando diventano economicamente indipendenti? O quando hanno raggiunto un loro sguardo sul mondo indipendente dal nostro? Quando cioè, dopo averci ragionato, decidono autonomamente cosa va fatto, anche senza che siamo noi a dirglielo?

Nella vita dei nostri figli, ci sogneremmo mai di prendere le loro misure fisiche, la loro statura, il loro peso o il registro della loro voce come metro per misurare il formarsi della loro personalità, il loro crescere?

E allora perché, nel caso delle aziende, prendiamo il fatturato come indice della crescita? Le dimensioni fisiche delle aziende sono molto importanti per descrivere la loro struttura, il loro livello di penetrazione dei mercati, ma dicono molto poco della maturità del loro sguardo sul mondo. E soprattutto dicono pochissimo della loro governance interna.

Il mondo è pieno di aziende grandi che non ne hanno voluto sapere di crescere e di aziende piccole che sono ben più evolute di altre molto più grandi nelle dimensioni. Esattamente come non cercheremmo di determinare il livello di maturità di una persona dalla sua statura, risulta molto azzardato dedurre il livello di maturazione della personalità di un'azienda sulla base dei suoi dati di bilancio.

È molto più utile analizzare il *governo* dell'impresa, per capire il suo livello di maturità, piuttosto che le sue dimensioni.

Per analizzare a fondo il governo di un'impresa, però, non occorre solo una serie di fotografie, serve una termocamera, un ecografo, un flussimetro, servono cioè strumenti in grado di misurare non solo gli aspetti formali e statici, come gli organigrammi, i poteri formali, le deleghe, i ruoli, che possono essere cristallizzati in documenti ufficiali. Servono gli strumenti e la capacità per analizzare i flussi, il "come vanno effettivamente le cose in azienda".

Alcune domande possono aiutare ad afferrare il senso della questione. Se l'azienda avesse un'età legata non alla sua data di fondazione ma alla freschezza delle sue cellule, alla salute dei suoi occhi e alla potenza del suo apparato cardiovascolare, che età avrebbe? Quella dei suoi capi più anziani? O quella dei giovani? Oppure quella di chi sta in mezzo tra gli uni e gli altri? Il governo dell'azienda è orientato al crescere o al conservare? All'evolvere o al controllare? Le regole, i princìpi, le norme e le consuetudini tendono a stimolare il progresso o a impedire il fallimento?

Gli elementi di questa tensione sono due e sono semplici. Futuro o controllo?

Esistono aziende grandissime orientate al futuro, cioè all'opportunità, e altre governate dal principio del controllo, cioè frenate dalla paura. Allo stesso modo esistono aziende piccole governate dal controllo e altre, di pari dimensioni o a volte anche più piccole, in cui gli imprenditori si pongono interrogativi e soprattutto adottano meccanismi orientati al futuro.

Per comprendere quanto slegate siano le dimensioni fisiche, il fatturato per capirci, dal grado di maturazione e di indipendenza dell'azienda dall'imprenditore, occorre andare alla radice della parola futuro. Il futuro, a un certo punto della vita di ciascuno, è inutile girarci intorno, è quel che accadrà quando noi non ci saremo più. E questo pensiero, il pensiero che la vita vada avanti anche dopo di noi, e così le aziende e gli eredi che le governeranno e i manager che le gestiranno, è un pensiero di fronte a cui alcuni atterriscono e altri, invece, riflettono per tempo.

Il futuro e la tollerabilità dell'idea di un tempo dopo di noi è il tema centrale di questa riflessione sul governo dell'impresa. Da un lato sta l'atteggiamento di chi lo vuole evitare e imposta tutto sul meccanismo del controllo. Come se poi il controllo potesse fermare il tempo. Dal lato opposto sta chi, il tempo dopo di noi, lo vuole generare e comincia a stimolare energie in grado di sopravvivergli, ben prima che tutto ciò si renda necessario.

Gli egoisti che disegnano le aziende principalmente sui meccanismi del controllo non lo fanno – come troppo spesso si è indotti a pensare – per l'insano senso del potere di chi vuole decidere tutto, né per l'ingordigia di chi vuole evitare che anche la più piccola moneta venga sprecata. È peggio di così. Gli egoisti controllano tutto per evitare che l'azienda cresca. Non nel fatturato, ma nella personalità. Perché non possono pensare un'azienda senza di loro. Non lo diranno mai, forse neanche a se stessi. Né di loro lo diranno i grati eredi e gli adulanti astanti. Ma spesso è così.

Le aziende sono come i figli. Se si vuole davvero che crescano, si fanno crescere. Oltre la misura del proprio braccio. Altrimenti non è amore. È solo una forma socialmente dannosissima di egocentrismo.

Ma come fanno alcune aziende governate da un unico centro di gravità permanente a diventare così grandi in fatturato, numero di paesi, dipendenti? Questo accade quando il capo è un genio. Il mondo è pieno di piccoli imprenditori che soffocano le loro aziende con i loro asfissianti meccanismi di controllo e di aziende che non crescono a causa di questo morso così stretto. Ma al mondo ci sono anche tante aziende che sono cresciute molto nelle dimensioni, pur in presenza di un padre-padrone del tipo di cui stiamo parlando in questo capitolo. Ciò accade quando il padre-padrone è un genio e la lunghezza del suo braccio è anormale. Quando il capoazienda è così geniale da riuscire a gestire tutto il presente dell'azienda, accentrando su di sé tutto il potere decisionale operativo e in più continuando anche a immaginare un futuro per la sua impresa che anticipi il mercato, i concorrenti, i clienti stessi... il sogno può durare davvero a lungo. Ma a un certo punto il suo tempo finirà.

A prescindere da quanto geniale sia il leader, arriverà un giorno in cui anche il più geniale dei capi dovrà ritirarsi. Non vorrà, magari, ma dovrà. Ed è lì e solo lì che si distingueranno, troppo tardi, gli egoisti dai generativi. In quel momento si capirà che la genialità senza la generatività è solo una gigantesca opera di egoismo mista a narcisismo.

Architettare la governance di un'impresa attorno a sé e solo a se stessi, se si è geniali, funziona. Ma soltanto finché dura il genio. Poi il crollo può essere verticale.

Ma quali sono allora le tracce di una governance generativa?

Il profilo delle persone che vengono attratte e trattenute in azienda è il primo indizio. Nelle aziende orientate al futuro remoto, sono attratte e soprattutto promosse le persone che non hanno bisogno di ricevere troppe istruzioni. "Assumiamo persone che ci dicano cosa fare, non persone cui dobbiamo dire cosa fare!": questo è da sempre il principio guida delle aziende che guardano lontano. Il che non vuol dire affatto che si lascia il potere di indirizzo dell'azienda in mano a chiunque, ma si accetta che l'azienda abbia una trazione anteriore, da governare con un buon apparato frenante e con un sistema di sterzo agile ed efficace, si accetta che la forza propulsiva sia sul campo, sia nei giovani sia nelle persone più esposte alla novità. L'entusiasmo delle persone, specialmente dei giovani, in un'azienda si respira subito in questi casi. Non sono alla ricerca di libertà assoluta e potere decisionale indefinito. Niente affatto. Ma capiscono immediatamente se da loro ci si aspettano idee oppure ossequio. Quando il governo di un'impresa è orientato al futuro remoto, si respira aria di rivoluzione permanente, si percepisce movimento.

Il secondo indizio è la velocità di attraversamento delle decisioni e, più ancora della velocità forse, lo stile di guida lungo il percorso decisionale. Il futuro ha i suoi tempi e certamente se prendete un manager con un forte imprinting imprenditoriale, che sente la pressione e la voglia di creare impatto e di realizzare i suoi progetti, e gli fate aspettare inutilmente mesi e mesi prima di approvare una sua raccomandazione, non ne sarà felice. Comincerà a sospettare che proteggere, nella vostra azienda, è più importante che creare. Che non perdere sia più importante che vincere. Ma non è questo il punto principale. Dove il manager energico perderà fiducia non è tanto sui tempi quanto sullo stile di guida, appunto. È possibile, infatti, che si investano mesi per prendere una decisione ma lo si faccia in un confronto duro tra opinioni forti, per esser sicuri di aver sviluppato effettivamente il piano migliore. Se, però, i mesi passano senza che l'azienda capisca effettivamente quale sia il punto di vista alternativo o senza che ci sia un punto di vista alternativo o se si rinvia la decisione solo a causa di nuove richieste di analisi, che l'azienda percepirà come inutili, lì comincerà ad allignare il virus che demolirà l'energia vitale. Lì le persone cominceranno a capire che il futuro remoto è meno importante del presente. E alcune se ne andranno.

Un terzo fondamentale indizio, forse il più decisivo, che distingue un'azienda orientata al crescere da una orientata al conservare, è la quantità di energia spesa all'interno rispetto a quella spesa all'esterno. Questo è un mantra per decine di migliaia di persone che lavorano in grandi aziende multinazionali. La *lamentatio* più diffusa non è sugli stipendi e neanche sui capi, ma è sull'energia sprecata in dinamiche interne, irrilevanti per i clienti e per il mercato. È ovvio che il passaggio da quello che Francesco Alberoni definisce lo "stato nascente" di un gruppo all'inevitabile nascita della burocrazia, come ben descritta da Max Weber, coincide con un ampliamento del raggio d'azione dell'azienda, con una crescita dimensionale sana. Ed è inevitabile, appunto, e anche giusto che l'azienda si doti di meccanismi operativi che sostituiscano quelli intuitivi e adrenalinici dei primi giorni. Il punto, però, non sta nei meccanismi, ma nell'investimento di energia. Gli strumenti organizzativi dovrebbero servire a canalizzare l'energia perché arrivi più lontana, come i grandi oleodotti. Non a frenarla come fanno le dighe. Anche le persone più energiche e creative sono disposte a capire che una grande organizzazione ha bisogno di meccanismi e di struttura. Ma quando cominciano a percepire che la "conversazione" interna si concentra sull'interno e non sul prodotto, sul cliente, sul concorrente o sullo sviluppo del talento, sulle capacità, sulla formazione, insomma quando ci si guarda l'ombelico perché si ha paura a guardare l'orizzonte, si perdono i migliori.

Gli indizi che ho scelto (tipo di persone, stile decisionale e focus della conversazione interna) per indicare quando un'organizzazione si rivolge verso la conservazione e la riduzione del rischio, piuttosto che verso il futuro, non sono elementi strutturali. Hanno molto più a che fare con la cultura che con la struttura di un'azienda. Sono, infatti, convinto che non esista una struttura organizzativa o un insieme di processi in grado di per sé di rallentare o bloccare l'innovatività di un gruppo di persone orientate al futuro. È la loro cultura, sono i loro comportamenti, le loro parole, le loro decisioni e le persone di cui si circonderanno che faranno la differenza.

Un'azienda di innovatori coesi e coraggiosi, in una struttura organizzativa complicata e farraginosa, troverà comunque il modo di spostare l'orizzonte più in là. Si accorderanno in nome della comune voglia di crescere insieme e di realizzare qualcosa di bello, di importante. Un'azienda di conservatori egoisti e paurosi può anche essere organizzata come una start up senza alcun governo né processo, ma rimarrà sempre ferma e sostanzialmente depressa.

Ho spesso parlato, anche in queste pagine, di quale sia il contributo che le aziende, in quanto attori sociali, devono dare alla società, ossia la creazione e la distribuzione di valore. Se le imprese non riescono a essere buoni cittadini creando al tempo stesso valore non svolgono il loro compito. Allo stesso modo, viene da concludere questa riflessione sul governo delle imprese affermando che, se gli imprenditori non riescono a mantenere lo sguardo delle proprie imprese sul futuro, se non riescono a tenere gli "spiriti animali" della propria comunità vivi e fecondi, ma iniziano a dare più valore a ciò che potrebbe andare perduto rispetto a ciò che invece va conquistato, non svolgono la loro primaria funzione. Che è e rimane sempre quella di intraprendere, di rischiare e, rischiando, di generare futuro.

10.
Generazioni

Essere genitori significa passare lungo una serie di eventi, per lo più imprevisti, per i quali si è generalmente impreparati e i cui esiti spesso, anche quando li si attraversano con le migliori intenzioni, non dipendono dalle nostre intenzioni. La potenza del ruolo di genitore nei confronti della vita dei figli è spaventosa, a ben guardarla. La casualità dei nostri gesti come genitori a volte sconcertante.

Essere genitori ed essere imprenditori stratifica, sopra la responsabilità di qualunque genitore, quella, appunto, di imprenditore. Quella, cioè, di assicurare governo e futuro a un'azienda, a un soggetto ben più ampio della propria famiglia. È un compito che spaventerebbe chiunque, francamente.

Anche essere figli è un carico non semplice. Le aspettative dei genitori, la loro vita, le loro storie. Le parole che i genitori hanno detto ai figli, sui figli. O quelle che non hanno detto. Tutto riverbera nello sguardo dei figli. Tutto condiziona, influisce, stimola o frena. L'eredità, materiale e immateriale, lo abbiamo detto, può essere una spinta. O un peso.

Essere figli di imprenditori aggiunge all'eredità di qualunque famiglia (spesso già di per sé letale per il suo solo peso immateriale) quella molto materiale dell'impresa (gigantesca, a volte intollerabile). È un peso che può schiacciare.

È con rispetto, dunque, e con sincera comprensione e persino compassione che mi avvicino all'argomento, spinoso, delle generazioni in azienda, al famigerato tema del passaggio generazionale. Lo farò con ruvidità, forse. Non perché mi sfuggano queste premesse, ma forse proprio per la ragione opposta. Perché mi sorprendo, cioè, di come possano sfuggire a chi, per mandato, eredità, definizione del ruolo, dovrebbe occuparsi sostanzialmente e principalmente di questo e di poco altro. Perché mi trovo spesso a sbarrare gli occhi di fronte alla ripetizione di un rito, immancabile come il cappone per il Natale: il rito in cui la generazione che precede non prepara quella che segue. Il rito in cui la generazione che segue non pretende di essere preparata. Ma soprattutto il rito in cui l'una e l'altra affrontano questo passaggio come se fosse la prima volta al mondo o come se la propria situazione fosse diversa da tutte le altre.

Il passaggio generazionale non è una sorpresa, come non lo è l'autunno, l'inverno, la caduta delle foglie, delle ghiande dalle querce. Non prepararsi a questa non-sorpresa è un gran peccato e se si è proprietari di grandi aziende è un crimine. Farlo in maniera artigianale, improvvisando soluzioni nuove, pretendendo che la propria situazione sia unica, diversa da tutte le altre su cui in tanti si sono misurati e su cui centinaia di libri sono stati scritti, è *naïveté* nel migliore dei casi, incoscienza nel peggiore.

Nel capitolo precedente ci siamo occupati dell'impatto del governo dell'impresa sulla maturazione della personalità dell'impresa stessa. E abbiamo affrontato il tema di come alcuni imprenditori non riescano neppure a concepire il tempo della loro azienda dopo di loro. Di come non riescano, cioè, consapevolmente o meno, a pensare a un'azienda senza di loro. In questo capitolo proviamo, invece, a occuparci di quei casi in cui il tema del futuro remoto è affrontato, per lo meno è discusso, anche se non sempre con esiti positivi.

Partiamo dagli assunti di base. Qual è l'obiettivo del passaggio generazionale in un'impresa familiare? Se ne possono dare due, almeno. Il primo è la continuità dell'attività dell'impresa. Il secondo, la continuità dell'impresa familiare. La differenza sta nel fatto che nel primo caso la famiglia esce di scena ma l'azienda va avanti. Nel secondo caso l'azienda va avanti e la famiglia trova il modo di rimanere azionista dell'azienda stessa.

I milioni di dati sulla mortalità delle aziende familiari in Italia, che testimoniano quanto poco le aziende familiari siano in grado di sopravvivere alla scomparsa del loro fondatore e, men che meno, di raggiungere la continuità con la terza generazione, parlano in realtà della mortalità delle famiglie imprenditoriali e non delle aziende. Perché moltissime delle aziende che alla seconda o alla terza generazione passano di mano in termini di proprietà, frequentemente da una famiglia a un fondo di investimento o a un'azienda più grande, non muoiono affatto. È la famiglia proprietaria che cessa la sua funzione imprenditoriale. L'azienda non termina la sua attività.

Occupiamoci dunque del tema specifico della longevità delle aziende familiari, di come cioè assicurare un futuro al binomio azienda-famiglia e non solo all'azienda.

Siccome sono stati pubblicati su questo argomento centinaia di testi e di articoli da persone più qualificate di me, il mio contributo, che come al solito parte dall'osservazione diretta della realtà, sarà principalmente quello della semplificazione di argomenti che a volte sembrano più complessi di quello che sono.

Cominciamo a chiarire le parole e il loro significato.

Non si può discutere di passaggio generazionale in azienda senza chiarire la differenza che c'è tra imprenditore e azionista.

L'imprenditore – affidiamoci alla Treccani – è colui "che esercita professionalmente un'attività economica organizzata, di carattere industriale, agricolo o commerciale, al fine della produzione o dello scambio di beni o di servizi; in senso più ampio, chi, persona fisica o società, gestisce un'impresa". Non può sfuggire il senso di direzione, di controllo, di indirizzo e di gestione che trasuda da questa definizione. Leggendo questa voce del vocabolario, pensiamo a un capoazienda, pensiamo a qualcuno che "esercita professionalmente" il suo "mestiere" di imprenditore. È lì con le maniche della camicia arrotolate fino ai gomiti che prende le decisioni necessarie all'azienda per andare avanti e affrontare il mercato.

E l'amministratore delegato, allora? In verità, non in tutte le aziende familiari ce n'è uno. Cioè, non in tutte le aziende familiari c'è un amministratore delegato che sia diverso dall'imprenditore. Ma dove c'è – ci aiuta ancora la Treccani – egli "amministra, ha cioè la gestione, e cura il buon andamento, degli affari, pubblici o privati, di una società, di un ente, di un'azienda [...], componente del consiglio di amministrazione di una società per azioni, al quale il consiglio stesso delega le proprie attribuzioni [...]. Nel diritto, l'amministratore si definisce come la persona fisica per il cui tramite la persona giuridica manifesta la propria volontà ed entra in relazioni giuridiche con gli altri soggetti".

È chiaro, credo, già da queste poche parole, che il mestiere dell'imprenditore è compatibile con quello di un amministratore delegato: sono entrambi alla guida dell'impresa (ho definito in passato questa coppia come un sodalizio) ma con ruoli diversi. Il primo è il proprietario e compie le scelte fondamentali, di traiettoria, di direzione e di vocazione della sua azienda di famiglia. Il secondo è un tecnico, con funzioni altamente strategiche, che però sostanzialmente esegue una delega, un mandato, nell'ambito di un perimetro concordato con l'imprenditore. È il "gestore della macchina del vapore" ed è il rappresentante legale dell'azienda.

Molti imprenditori sono anche amministratori delegati delle loro aziende. Altri no.

E l'azionista? Tutta un'altra cosa. La Treccani definisce l'azionista come colui che "è proprietario di azioni di una società anonima per azioni e come azionista di maggioranza, quello che possiede un numero di azioni tale da permettergli di controllare la gestione della società". Si capisce come il vincolo operativo con l'azienda sia decaduto quasi completamente. Le maniche non sono arrotolate fino ai gomiti. Sono ben distese fino ai polsi, sotto una comoda giacca. E poggiano sul piano di lunghi tavoli, nelle sale riunioni, in cui una volta l'anno o poco più si riuniscono le assemblee degli azionisti per deliberare sulle pochissime materie, fondamentali ma non operative, su cui hanno diritto di decidere come soci.

Quando l'imprenditore cede una quota del suo "potere" a un amministratore delegato non di famiglia, rimane imprenditore solo se continua a "esercitare professionalmente l'attività di imprenditore". Quando cessa di agire nell'impresa, quando delega completamente la gestione ma anche la strategia dell'impresa a un consiglio di amministrazione e alla dirigenza dell'azienda, si trasforma in azionista. Il cui potere, sostanzialmente, si riduce a quello di scegliere il consiglio e il capoazienda (oltre certamente a quello di approvare una serie di decisioni importantissime sulla vita dell'azienda, come ad esempio alcune acquisizioni, gli aumenti di capitale e altro tipo di questioni straordinarie).

Già solo posizionando queste tre pedine (imprenditore, amministratore delegato non di famiglia e azionista) sulla scacchiera del tempo presente, è facile rendersi conto di quanto difficili siano le scelte e i rapporti. Se poi pensiamo alla proiezione di queste scelte nel tempo futuro e chiediamo agli imprenditori di pensare e progettare questi rapporti nel tempo dopo di loro, lì spesso cadono le aziende. O le famiglie. O entrambe.

Ma se è così complessa e delicata la materia, perché ho promesso ruvidità pochi paragrafi fa? Il motivo per cui ancora oggi dopo tanti anni di osservazione e di pratica della materia provo un sentimento di rispetto ma anche di inquietudine è duplice. Da un lato, perché il problema che si pone all'imprenditore, per quanto delicato, non arriva certo come un fulmine a ciel sereno, non è imprevisto, non è senza precedenti, non è nuovo. Il secondo motivo è che, proprio perché non è un problema nuovo, esistono ricette ben consolidate, provate e sperimentate da decine di aziende familiari in Europa e nel mondo, cui basterebbe avere l'umiltà di accostarsi per replicarle.

Ci tocca però riposizionare la telecamera in soggettiva. Così, credo, si rende tutto più comprensibile ed evidente. La soggettiva dell'imprenditore che ha fondato un'azienda, ha una sua famiglia e vuole occuparsi del tempo "dopo di lui".

Purtroppo per il nostro imprenditore (come padre provo la massima solidarietà sotto questo aspetto), egli dovrà scindere il suo ruolo di genitore da quello di imprenditore. Un bravo genitore ha l'obbligo di essere equo con i figli. Un bravo imprenditore ha l'obbligo di assicurare all'azienda una unicità di controllo. Esistono decine di decaloghi per assicurare la longevità delle aziende familiari. Molti convergono su un tema preliminare: "La responsabilità principale delle famiglie imprenditoriali è quella di gestire aziende solide, in crescita e redditizie nel lungo periodo, non di servire i bisogni dei componenti della famiglia. La gestione degli obiettivi e delle dinamiche familiari è rilevante se sostiene la creazione di valore. Gli interessi della famiglia sono meglio tutelati e serviti solo quando le attività aziendali creano valore economico e sociale". Abbiamo preso in prestito questa definizione dallo studio Bocconi-Russell Reynolds del 2022, ma avremmo potuto trovare conclusioni analoghe in decine di altri studi in tutto il mondo. Prima l'azienda, poi la famiglia. È certo che in un'azienda familiare la famiglia e la sua unità sono il principale strumento della longevità dell'azienda. Ma solo se ci si attrezza. Altrimenti ne diventa il peggior nemico.

Non a caso il secondo principio dello studio della Bocconi è quello di prepararsi al futuro: "Le famiglie imprenditoriali longeve sono proiettate verso il futuro, cercando di intuire le possibili trasformazioni familiari e aziendali che potrebbero presentarsi all'orizzonte, con l'obiettivo di prepararsi quanto più possibile ad affrontarle".

In questo modo, prosegue lo studio, si può "assicurare continuità di leadership. La longevità si basa sulla capacità delle famiglie di anticipare le transizioni e di evitare 'vuoti' di leadership".

Qui sta spesso uno dei punti di caduta. Perché la famiglia continui a svolgere un ruolo imprenditoriale e non si trasformi in un mero azionista, occorre che ci sia per ogni generazione almeno un membro della famiglia in grado di essere imprenditore e non solo azionista. Se il talento non segue il desiderio si trasforma in velleità. E se – come ricorda ancora lo studio della Bocconi – le famiglie non parlano "con una sola voce" e non forniscono una guida strategica univoca alle aziende e ai manager impegnati nella loro gestione, le organizzazioni entrano in confusione.

Il talento è un tema centrale in qualunque azienda, soprattutto se si vuole dare continuità di leadership a una vicenda imprenditoriale. E anche lo studio Bocconi conferma questo dato quando afferma che occorre alzare l'asticella dei talenti: "La longevità è sostenuta da forte volontà ad attrarre e selezionare i migliori candidati familiari e non familiari per le posizioni di leadership". Se l'azienda viene prima degli interessi dei singoli membri della famiglia, il talento deve sempre prevalere su tutto, sia esso interno alla cerchia familiare sia esso esterno.

In tutto questo, è il succo dello studio della Bocconi sulla longevità delle migliori aziende familiari europee, si estrinseca il vero dovere della famiglia azionista e cioè quello di "realizzare una governance equa, flessibile ed efficace. Le famiglie longeve investono nella professionalizzazione della governance aziendale e familiare e applicano il principio di *fairness* (equità) con l'obiettivo di rendere efficaci i processi e le decisioni". Occorre certamente dare "respiro" ai diversi membri della famiglia, garantendo a ciascuno la sua autonomia e la sua libertà, offrendo anche opportunità al di fuori dell'azienda di famiglia. E bisogna a tal fine coltivare l'"albero" familiare, cioè creare un mercato equo per il trasferimento delle azioni e fornire un buon rendimento agli azionisti. Infine, occorre promuovere iniziative di educazione alla proprietà e meccanismi di governance volti a preservare un'adeguata coesione familiare.

A leggere bene lo studio che la Bocconi nel 2022 ha realizzato per Russell Reynolds si evince un unico principio di fondo: la famiglia azionista di un'impresa deve occuparsi (meno di quanto facciano di solito gli imprenditori) dell'azienda ma soprattutto della famiglia (più di quanto non si faccia abitualmente). Detto, cioè, con il linguaggio che abbiamo introdotto nei capitoli precedenti di questo libro, la famiglia dovrebbe occuparsi più del tempo futuro che del tempo presente, assicurandosi che del tempo presente si occupino manager capaci (siano essi familiari o no, poco importa, perché in quella veste anche i primi agiscono non da azionisti ma appunto da manager) e ben guidati. Occuparsi più di futuro significa occuparsi dell'evoluzione della famiglia stessa, dell'azienda e della relazione tra famiglia e impresa. Cioè di *governance*.

La prima dimensione di cui sarebbe opportuno occuparsi è indubbiamente quella della leadership. Chi sarà il riferimento del management quando l'attuale imprenditore cederà la mano? E in che veste lo farà? Con quale esperienza, con quale competenza? Con quale credibilità? Con quali doti riconosciute?

La prima domanda dunque è *chi*. Su questo, la più grande famiglia industriale italiana, gli Agnelli, ha dato un esempio chiaro: uno per ogni generazione. Deve essere una regola piemontese, se è vero che anche in casa Savoia si diceva sempre che "regna uno alla volta". Dopo il senatore venne l'Avvocato, che finché fu troppo giovane lasciò fare a Giuseppe Valletta. Dopo l'Avvocato avrebbe dovuto esserci il figlio di Umberto, che morì troppo giovane e fu quindi scelto il più adatto della generazione successiva, John Elkann. Uno per generazione. La generazione precedente sceglie, gestisce l'eredità in modo da agevolare la scelta e il compito al nuovo capofamiglia e così si procede. Certo che se il capofamiglia non accontenta gli altri rami, con dei buoni dividendi e con incarichi e riconoscimenti vari, può fallire, ma fino a quel momento lui o lei è il capo. Ce n'è uno solo. L'imprenditore che lascia tutto in parti eguali, senza chiarire chi comanda, è un buon padre ma non è un buon imprenditore. E rischia anche di non essere un buon padre, perché lascia il campo aperto a potenziali conflitti nella generazione successiva. E il rischio è che non si limiteranno alla sola vita aziendale.

La seconda domanda è relativa al ruolo con cui il prescelto della generazione successiva entrerà in azienda. Imprenditore o manager, *tertium non datur*. O fa il presidente attivo, che ogni giorno gioca a tennis con l'amministratore delegato ed è capace di tirare la pallina dall'altra parte della rete a una velocità paragonabile a quella con cui il Ceo la scaraventa dalla sua, o fa il Ceo lui stesso e gestisce tutta l'impresa anche nell'operatività. Non ci sono molti altri ruoli in un'impresa, quando se ne detiene la maggioranza delle azioni. In realtà, un terzo c'è, a ben guardare, ed è quello di azionista, come abbiamo detto sopra. Il ruolo di quell'imprenditore che capisce di non avere il braccio per rimandare la pallina dall'altra parte alla stessa velocità del Ceo e decide di fare solo l'azionista, lasciando al management tutte le funzioni sia strategiche che operative. Premesso che – come mi disse un giorno un professore che aveva studiato a fondo queste situazioni – se si decide di fare "solo" l'azionista la brutta notizia è che potrebbero esserci azionisti più bravi, perché anche quello dell'azionista è un mestiere che non si improvvisa, l'importante comunque è fare una scelta chiara: o si gestisce (imprenditore-Ceo) o si gestisce chi gestisce (imprenditore-presidente) o si fa l'azionista (che non vive l'azienda). Se si sceglie la prima ipotesi bisogna essere capaci di gestire un'azienda e bisogna averne gestito parti intere prima di cimentarsi nella gestione del tutto. Se si sceglie la seconda ipotesi, l'imprenditore-presidente, occorre essere in grado di gestire un amministratore delegato e la sua squadra e di decidere prontamente e con intelligenza circa le scelte di indirizzo fondamentali di un'impresa, scelte che il management porterà sul tavolo del consiglio di amministrazione con un ritmo che sarà dettato dall'azienda e dal mercato e non dalla velocità con cui l'imprenditore decide di camminare. Se si sceglie la terza, l'imprenditore-azionista, bisogna conoscere le variabili che stanno a monte della creazione del valore (capitale e dividendo) e soprattutto essere capaci di intervenire per massimizzarlo, con puntualità, rigore, professionalità ed efficacia. Altrimenti meglio che lo si faccia fare ai professionisti, cioè ai fondi di investimento o alla Borsa.

Qualunque strada si sia scelta (gestione diretta, gestione indiretta, gestione del capitale) bisogna essersi costruiti le competenze, l'esperienza e la credibilità per svolgere il ruolo che si è scelto.

Se si è optato per la strada della gestione diretta, non è difficile capire come prepararsi, perché dovrebbe essere esattamente lo stesso modo in cui si preparano i manager. Il destino di noi poveri manager, ho cercato di raccontarlo nel mio libro *Fare i manager rimanendo brave persone*, è quello di andare dal particolare al generale. Impariamo come si monta una linea industriale, prima di decidere come costruire una fabbrica. Impariamo come si costruisce una promozione, prima di impostare un piano di marketing. Impariamo a sottrarre i costi ai ricavi, prima di redigere il bilancio di un'azienda. Non conosco molti altri metodi per diventare manager se non quello di aver fatto uno, due o tre mestieri di cui l'attività delle aziende di solito si compone, prima di poter dirigere l'intera azienda.

Non capisco dunque perché nel caso dell'imprenditore che decidesse di diventare il capo operativo della sua azienda la ricetta dovrebbe essere diversa. Bene fanno quegli imprenditori che mandano i figli in fabbrica o nelle vendite o nel marketing a lavorare "sotto un capo", con le mani nella pasta dei progetti, delle scadenze, dei compromessi che ogni giorno bisogna saper fare per poter andare avanti. Disgraziata l'azienda che finisca nelle mani di un imprenditore-amministratore delegato che da giovane ha solo studiato da amministratore delegato o ha solo affiancato il papà. La competenza e soprattutto la struttura personologica del manager non si costruiscono con gli affiancamenti.

Aggiungo anche che al manager tocca per definizione il destino di cui parlava Dante quando prefigurava "come sa di sale lo pane altrui, e com'è duro calle lo scendere e 'l salir per l'altrui scale". Lavorare come manager in aziende che non siano della propria famiglia (e nemmeno di amici di famiglia o di fornitori della propria azienda) è una palestra (obbligatoria per i manager "normali", che non hanno alternativa) che consiglio sempre a tutti i figli degli imprenditori. Aiuta la competenza, ma aiuta soprattutto la propria autostima e la propria capacità di stare al mondo.

Se si è invece scelta la strada della gestione indiretta della propria azienda di famiglia, cioè quella in cui da presidente del consiglio di amministrazione si dovrà guidare un Ceo nella gestione dell'azienda, le cose cambiano, perché il mestiere è diverso, ma meno di quanto solitamente si creda. E certamente, neanche in questo caso, si potrà improvvisare. Bisogna prepararsi.

Come?

In questo caso, la preparazione dovrà riguardare alcuni aspetti fondamentali della vita della propria azienda (che saranno dunque diversi dagli aspetti fondamentali nella vita di un'altra azienda).

Il primo aspetto della preparazione, per quanto risulti banale precisarlo, è il settore stesso in cui l'azienda opera. Se l'azionista vuole svolgere il ruolo di presidente operativo e non solo di azionista è importante che sappia del proprio settore. In occasione della presentazione dello studio Bocconi, un banchiere disse che, se la sua famiglia voleva continuare a gestire la strategia della sua banca, come faceva da più di due secoli, era importante che ogni generazione avesse la fortuna di avere almeno un membro della famiglia che sapesse di banche e che ne fosse in qualche modo appassionato. Sappiamo tutti quanto è difficile, oltre che ingiusto, imporre ai figli una passione che non hanno. Ebbene, il fatto che a questa mancata passione sia associata un'azienda grande e profittevole non contribuisce a rendere l'imposizione meno violenta e soprattutto meno inefficace nei risultati. Anzi, spesso accade il contrario.

Il secondo aspetto è quello di "sapere di uomini e di donne"; di avere una certa predisposizione e passione (anche qui ricorre il termine passione) per le donne e gli uomini che vivono nelle aziende e ancor più per quelli che le guidano. Si badi, non si tratta solo di saper scegliere le persone da mettere a capo dell'azienda di famiglia, nel momento in cui si è scelto di non farla gestire a membri della famiglia stessa. Cosa che, peraltro, è forse la capacità più importante di tutte per un imprenditore. Si tratta propriamente di avere passione per le persone e per le relazioni. Quando si affida un'azienda di famiglia a un gruppo di manager non di famiglia, non si tratta solamente di azzeccarci o di sbagliare. Si tratta di fare in modo che le cose funzionino per tutti. La relazione, cioè, che si instaura tra manager e imprenditore non è binaria, non è sì/no. Bisogna lavorarci. E la principale responsabilità dell'imprenditore starà proprio nel creare il contesto perché il manager e il management abbiano successo. Questo richiede la capacità di capire le persone, di capire a fondo le loro motivazioni, le loro aspirazioni e i loro problemi, e di lavorare costantemente perché gli interessi di ciascuno siano allineati tra loro e tra loro allineati con quello, superiore, dell'azienda.

E, in ultimo, c'è un terzo aspetto che è bene che l'imprenditore che non vuole "ridursi" ad azionista coltivi nella sua preparazione al ruolo. È raccomandabile che in almeno una delle attività *core* dell'azienda l'imprenditore eccella, anche più del suo management, e ancor meglio se quella è un'attività che nel settore si riconosce come distintiva per quell'azienda, per quella famiglia. Se si è nella pasta e a quella famiglia si riconosce la capacità di acquistare grani di qualità in giro per il mondo; se si è nel cachemire e a quell'azienda viene riconosciuta la capacità di realizzare tessuti di qualità superiori; se si è nell'energia e a quella famiglia viene riconosciuta la qualità superiore di intessere relazioni di altissimo livello con i governi di mezzo mondo... bene, non è scontato ma è raccomandabile che alla persona che si sceglierà nella generazione successiva per guidare l'azienda, non solo con ruolo di azionista ma di imprenditore, si provi a tramandare quella capacità distintiva.

Capire del proprio settore, esserne in qualche modo appassionato, capire di persone, esserne in qualche modo appassionato, e portare avanti una certa qualità distintiva della propria famiglia nell'operare nel settore sono tre aspetti su cui, se avessi un'azienda e mi ponessi l'obiettivo di lasciarne la guida strategica a un figlio, cercherei di concentrare la sua preparazione. Non si diventa così Ceo ma si può diventare un ottimo presidente di un'azienda di famiglia.

Resta, altrimenti, il dignitosissimo ruolo di azionista. Dopo una generazione di fondatori e dopo un'altra di imprenditori, è possibile che la terza voglia "semplicemente" fare l'azionista godendo dei frutti materiali e immateriali della proprietà dell'azienda e assicurandone la prosecuzione dell'attività nel futuro. Non c'è nulla di male. È di gran lunga peggio ostinarsi a gestirla o a gestire chi la gestisce senza averne le capacità.

Anche in questo caso servirà, comunque, una preparazione. Sarà innanzitutto di carattere finanziario e patrimoniale e forse includerà doti di comprensione delle persone e delle relazioni interpersonali, ma non per questo sarà meno delicata.

C'è chi sostiene che un imprenditore che sia solo azionista non è più imprenditore. E chi afferma che un'azienda di famiglia in cui nessun membro della famiglia sia impegnato in ruoli manageriali o strategici cessi di essere un'azienda di famiglia.

Io non la penso così. Quel che fa, di un'azienda, un'azienda di famiglia è il fatto stesso che la sua proprietà sia in mano a una famiglia, che si coordinerà con processi e strumenti propri della governance di famiglia e con la finalità precipua di assicurare al management e in ultima istanza all'azienda un riferimento di proprietà univoco e stabile nel tempo, garantendo così stabilità e orientamento nel lungo termine.

In tal senso, anche un'azienda in cui la famiglia non svolga altro ruolo che quello di detenere il pacchetto azionario di controllo, di scegliere il top management e di approvare gli indirizzi strategici di massima, come previsto dalle norme del Codice civile in materia di poteri del consiglio di amministrazione e di assemblea degli azionisti, rimane a pieno titolo un'azienda di famiglia. Dovrà solo premurarsi di coltivare, in uno o più dei propri membri, notevoli capacità di analisi finanziaria, di analisi della performance di un'azienda, di comprensione delle logiche del ritorno sugli investimenti e altri fondamentali del business. Perché il rischio, altrimenti, di perdere completamente il controllo della propria azienda sarebbe molto alto. A ben guardare, molte aziende di famiglia europee all'ennesima generazione sono troppo numerose perché tutti i rami mantengano un coinvolgimento diretto nella vita dell'azienda. E molte si sono, nei decenni, focalizzate sulla governance della famiglia stessa e del suo rapporto con l'azienda, al fine non di controllarne la gestione operativa, ma di assicurarne la prosecuzione di generazione in generazione, nel rispetto di alcuni valori di fondo della famiglia e di una vocazione industriale, legata a un certo settore e a un certo modo di interpretarlo.

Non è poca cosa. E se più imprenditori lo capissero, avremmo un maggior numero di aziende di famiglia longeve, con alle spalle famiglie unite e saldamente in controllo, e al vertice operativo manager non di famiglia ben selezionati, ben controllati e capaci. Basterebbe accettare l'evidenza che essere eredi di un'azienda è un mestiere, sia che la si voglia gestire direttamente o indirettamente sia che la si voglia anche solo possedere con continuità. E che non esiste un mestiere che non si debba imparare con fatica.

Una delle saghe imprenditoriali italiane più famose della nostra storia, riportata recentemente alla ribalta dalla fortunatissima opera letteraria di Stefania Auci, *I Leoni di Sicilia*, è quella dei Florio. Una saga che parte da un negozio di spezie, aperto all'inizio dell'Ottocento da Paolo Florio a Palermo, che si espande progressivamente in nuovi settori nel corso del secolo: dalle tonnare ai vini Marsala, dall'industria del tabacco e quella del cotone all'attività di navigazione con i battelli a vapore e poi le Flotte Riunite Florio, che divennero la prima compagnia di navigazione italiana. Ma all'inizio del Novecento, dopo un secolo in cui i fratelli, i figli e i nipoti del capostipite erano riusciti ad ampliare costantemente e con brillanti risultati gli affari di famiglia, cominciò una graduale decadenza che si concluse con la liquidazione di gran parte dei beni.

Quale che sia la spiegazione della decadenza dei Florio nel ventesimo secolo, dopo aver lungamente appartenuto e anzi primeggiato nei più esclusivi circoli dell'aristocrazia e dell'alta borghesia commerciale e industriale d'Europa, se si legge la storia dei passaggi generazionali tra le righe dei due avvincenti romanzi della Auci (in particolare, del secondo, *L'inverno dei Leoni*, che affronta la struggente ultima parte della storia della famiglia siciliana) si potranno notare alcuni elementi di cui abbiamo parlato negli ultimi due capitoli sul governo delle imprese e sul passaggio generazionale.

Un primo elemento salta subito all'occhio. I fondatori allevano i successori in bottega, mentre le seconde o le terze generazioni li allevano in ambienti più "vellutati". Il fratello del fondatore, Ignazio, che rileva la guida dei commerci alla morte del fratello Paolo, alleva il figlio di Paolo, Vincenzo, dentro il negozio a contatto fisico con il *core business* dell'azienda, si sarebbe detto oggi. E con questo assicura un contatto diretto tra Vincenzo e il tempo passato dell'azienda, la sua identità, la sua cultura.

Ignazio, tuttavia, va oltre, e qui sta il secondo elemento di un passaggio generazionale efficace: il capofamiglia, infatti, spedisce il nipote in Inghilterra. Siamo nei primi decenni dell'Ottocento e mandare l'erede in Inghilterra in quegli anni equivale a mandarlo nei primi anni duemila nella Silicon Valley. Il secondo elemento di questo passaggio generazionale sta dunque nel lanciare la generazione successiva verso il tempo futuro, usando a tal proposito alcune caratteristiche che i giovani in qualunque famiglia posseggono meglio dei genitori: propensione all'innovazione e voglia di fare, voglia di sperimentare, di rischiare. Facendo così, Ignazio investe la generazione successiva anche di un compito ulteriore rispetto a quanto fatto da lui stesso e dal fratello: il compito di cominciare a stabilire relazioni di livello internazionale, che torneranno utilissime nella storia successiva della famiglia Florio. Le ambizioni della generazione precedente camminano sulle giovani gambe di quella successiva. I padri o gli zii formano le generazioni successive alle sfide del futuro, non a quelle del presente e del passato.

Un terzo elemento, proprio dei primi passaggi generazionali della famiglia Florio, consistette poi nel mantenere una funzione fondativa in ciascuna generazione, in questo agevolati certamente dal fatto che le origini dell'impresa erano commerciali più che industriali, e quindi più legate a uno spirito imprenditoriale puro che non al saper fare in uno specifico settore industriale. Ogni generazione, cioè, ha avuto il coraggio, ma anche evidentemente la possibilità concessa da quella precedente, di intraprendere nuove vie, rimanendo in tal modo generazione fondatrice essa stessa, a ogni passaggio, e mai riducendosi a generazione solo erede.

Questo elemento dell'imprenditorialità tramandata è fondamentale in quelle famiglie che vogliono continuare a essere imprenditori e non trasformarsi in azionisti. Ogni generazione deve essere e sentirsi legittimata a far evolvere il portafoglio delle attività e degli interessi della famiglia, se non altro per rimanere al passo con i tempi del mercato.

E allora cosa non ha funzionato nella vicenda dei Florio? Credo che, meglio di qualunque spiegazione razionale e logica, valgano le bellissime pagine finali della Auci, capaci di descrivere quella che ai miei occhi è innanzitutto una mutazione antropologica, che avviene spesso nelle famiglie imprenditoriali e che ha molto di inevitabile ma poco di imprevedibile.

I Florio, infatti, furono già molto bravi a tramandare lo spirito "animale" per tre generazioni, ma a un certo punto, alla quarta, la forza generatrice primigenia è venuta meno. Si ha un bel dire a incolpare i lussi e i vizi, che i genitori imprenditori a un certo punto, a titolo di risarcimento o di compensazione, cominciano, generazione dopo generazione, a elargire ai propri figli, privandoli così della fame necessaria per andare oltre, per progredire. Così facendo non solo li allontanano dal marciapiede, dalla bottega e dal *core business*, ma inevitabilmente inducono nei figli la frequentazione di un mondo dorato in cui certamente lo spirito animale e la fame di futuro albergano con maggiori difficoltà.

Ma non credo sia questo il principale dei problemi. Il problema è a monte. Il problema è che non si può pretendere che certe cose siano trasmesse solo con il sangue. E a un certo punto è prevedibile che una generazione si distragga dagli affari o non abbia la passione per mettersi a capo dell'azienda. È possibile che non abbia neppure la passione per gestirla, né la competenza per controllare chi la gestisce. E così si passa dall'essere una delle famiglie più ricche d'Europa, come i Florio, a vivere a Roma in una modesta pensione in un quartiere semicentrale.

Ma occorrono indulgenza e compassione in queste vicende. Spesso infatti sono lutti o disgrazie di vario genere che ostacolano o addirittura impediscono il normale passaggio dello spirito animale da una generazione all'altra. Ma spesso no. Spesso è solo mancanza di umiltà, di lungimiranza o egoismo dei padri, misto a pigrizia dei figli. E l'indulgenza dell'osservatore viene meno.

Occorrono indulgenza e compassione, dicevamo a proposito dei Florio come possiamo dirlo di molte altre famiglie imprenditoriali che a un certo punto hanno perso la loro strada. E a ben guardare, forse, se si facesse un'analisi di strategia industriale dell'impero dei Florio alla vigilia della decadenza, il principale torto parrebbe essere quello di non aver anticipato il cambio dei tempi. Per tutto il diciannovesimo secolo prima dell'Unità d'Italia e per il periodo subito successivo, i Florio avevano saputo navigare nelle acque dei nuovi business, in cui con lungimiranza e capacità si erano cimentati, anche aiutati da ottime capacità diplomatiche nei "giusti ambienti". Quando le regole dell'economia nazionale ed europea cambiarono, dopo la Prima guerra mondiale, e quando i "giusti ambienti" mutarono e le persone al potere non furono più così avvicinabili come per le generazioni precedenti, Ignazio junior si trovò impreparato a leggere la direzione dei nuovi venti: non spostò i capitali della famiglia su nuovi settori e non seppe proteggere i suoi interessi nei settori tradizionali. Non si è occupato del tempo futuro, essendo peraltro managerialmente incapace di occuparsi del tempo presente.

Che si parta, dunque, dalle conclusioni dello studio della Bocconi o dalla ricostruzione delle vicende storiche dei Florio, il risultato sembra essere lo stesso: occuparsi della generazione successiva dovrebbe essere la principale ossessione degli imprenditori, insieme a quella di gestire professionalmente chi gestisce le loro aziende nel tempo presente. Non c'è nulla di imprevedibile e c'è pochissimo di unico in questo compito che spetta agli imprenditori che vogliono davvero trasmettere la propria azienda ai figli. E quelli che lo capiscono assicurano longevità alle loro aziende e alle loro famiglie a capo di esse.

11.
Generi

Nei capitoli precedenti ho cercato di argomentare come il compito delle aziende e di chi ne disegna la traiettoria sia in sostanza quello di crescere, non tanto o non principalmente dal punto di vista quantitativo, dei fatturati, dei profitti o delle dimensioni, quanto dal punto di vista qualitativo, della prospettiva, dello sguardo sul mondo e della postura, anche verso l'interno, verso le persone che ci lavorano, in azienda.

Voglio ora affrontare una questione delicata, su chi sia meglio avere a capo delle aziende, in questa prospettiva orientata alla crescita: capi uomini o capi donne? So di rischiare molto addentrandomi in questo campo, tra i più spinosi oggi in azienda e non solo. Perché non si rischia solo di sbagliare nelle argomentazioni, ma spesso anche nel linguaggio, come sa benissimo chiunque, come me, sia oltre i cinquanta e abbia una figlia sotto i venti.

Per anni ho sostenuto in azienda la causa delle donne, anche prima di altre cause, altrettanto nobili, perché ritengo che la discriminazione delle donne sul luogo di lavoro, nella sua dimensione cavernicola della lettera di dimissioni prefirmata in caso di eventuale gravidanza e in quella più sofisticata della mancata rappresentanza femminile nei consigli di amministrazione, sia rimasta per troppe generazioni senza un intervento, quando invece era possibile e doveroso. Per forzare le aziende ad affrontare questo tema, ho anche sostenuto lo strumento delle "quote rosa", spesso contro l'opinione di molte donne.

Tutto ciò è quindi legittimo, doveroso e condiviso, ma non è di questo che vorrei occuparmi qui. In questo capitolo, infatti, vorrei scendere di un livello di profondità. Non credo che servano altre pagine di libri per argomentare circa la giustezza, prima ancora che l'utilità, di certi interventi correttivi in azienda a tutela e promozione della leadership femminile. Lo spunto che vorrei portare in questo capitolo, invece, ha a che fare con le categorie stesse del *maschile* e del *femminile* applicate alla leadership. Perché troppo spesso ne sento parlare, e per la verità anch'io ne ho parlato, senza sufficiente cognizione di causa. Chiarendo forse i concetti, si potrà dare maggiore solidità agli interventi e alle politiche.

Prima di cominciare, però, devo fare una premessa. Sono un uomo nato un anno prima dell'introduzione del divorzio, sei anni prima della riforma del diritto di famiglia, nove anni prima della legalizzazione dell'aborto e dodici anni prima dell'abrogazione del delitto d'onore. Nonostante lo sforzo monumentale che la mia generazione ha fatto, in azienda e, soprattutto, in famiglia, per superare i modelli precedenti, ne siamo figli ed è possibile che nel mio ragionare permangano scorie di passato. Mi farò per giunta assistere, in questo capitolo, da tre grandissimi della storia del pensiero, ma tutti uomini anch'essi. Quindi chiedo venia in anticipo alle sensibilità più evolute della mia.

Come sempre, facciamo prima chiarezza sui termini della questione. Cosa significa *leadership femminile* rispetto a *leadership maschile*? Ha ancora senso usare queste categorie in un mondo in cui i ruoli di genere sono stati destrutturati in quasi ogni loro dimensione? Non è forse come usare in politica i termini destra e sinistra, dopo la fine delle ideologie?

Procediamo con ordine.

La prenderò alla larga, partirò da Platone e arriverò a Jung, passando da Freud.

Si deve infatti proprio al filosofo greco del v secolo a.C.

lo sviluppo di un concetto fondamentale, che tornerà utile anche al nostro dibattito sulla leadership maschile e femminile, e cioè il concetto di *eros*. L'*eros* secondo Platone può aiutare l'anima a "ricordare" la bellezza nella sua forma pura e può contribuire così alla comprensione della verità, in quanto desiderio di completezza e unione, espressione di un bisogno di saggezza e verità, appunto. L'*eros* in Platone guida l'essere umano in tutte le aspirazioni della vita, nel procreare ma anche nel creare, come nel caso delle opere del pensiero che ci garantiscono l'immortalità. L'*eros*, quindi, è l'espressione del nostro desiderio di trascendenza e di immortalità. È ovvio che l'*eros* di Platone non ha molto a che fare con l'accezione che la parola ha acquisito nel linguaggio quotidiano, principalmente legata alla dimensione sessuale. Non a caso ancor oggi si dice "amore platonico" proprio per descrivere questa specifica accezione di *eros*.

Il concetto di *eros*, con il nome originale di *eros* o anche di libido, arriva fino a Freud, che lo descrive come istinto alla vita, innato in tutti gli esseri umani, desiderio di creare, produrre e costruire. Per Freud con la sublimazione della libido le pulsioni sessuali vengono "spostate" verso mete nell'ambito della ricerca, delle professioni o dell'attività artistica. Si sublimano, appunto.

Sarà però solo Jung a giustapporre al concetto di *eros* quello di *logos*, termine greco che indica il pensiero, e a definire il *logos* come principio maschile e l'*eros* come principio femminile, conducendoci così vicino al cuore della nostra questione. "Brutalizzando" in poche righe duemilacinquecento anni di storia del pensiero, siamo infatti arrivati ai termini maschile e femminile, che in mano a fini pensatori e sofisticati analisti sono concetti affilati come bisturi e in mano a noi poveri manager d'azienda diventano rozze lame da cucina.

Se torniamo, infatti, alla domanda con cui abbiamo aperto queste riflessioni – meglio leader donne o leader uomini per consentire alle aziende di crescere? – potremmo forse affrontarla con altro spirito.

La domanda infatti è evidentemente mal posta. E non

perché si voglia negare una differenza tra i generi. Ma perché non esiste il concetto idealtipico di leader donna, così come non esiste quello di leader uomo. E se anche esistessero, dovremmo accettare che il vero sviluppo dell'individuo, così come la vera crescita delle aziende, derivi dall'integrazione funzionale dei due princìpi ordinatori, *eros* e *logos*, e non dalla scelta di uno di essi quale migliore o superiore all'altro.

Perché allora si sente così spesso parlare di leadership femminile o di leadership maschile? La ragione è storica, culturale e sociale. Storicamente la nostra società occidentale ha attribuito i tratti del principio dell'*eros* più al genere femminile, inducendone anche socialmente la loro adozione da parte del genere femminile. E storicamente, di converso, molte delle funzioni legate al *logos* sono sempre state attribuite al maschio.

Anche nell'educazione dei figli in famiglia, a ben guardare, certe funzioni vengono socialmente attribuite più spesso alle donne o agli uomini, a seconda dei casi. Nella psicologia della famiglia si parla, infatti, di "polo etico", cioè della funzione più orientata alla trasmissione delle regole e di categorie come la giustizia o la lealtà e quindi all'inserimento del figlio nella società. E si parla di "polo affettivo", più orientato alla coltivazione delle relazioni familiari ma anche delle qualità fondamentali di un individuo come la fiducia e la speranza. Ebbene, storicamente, persone per esempio della mia generazione e di tutte quelle precedenti sono state indotte ad associare il polo etico alla figura paterna e il polo affettivo a quella materna, solo perché nella storia sociale delle nostre civiltà così erano più spesso attribuiti i ruoli e così di conseguenza venivano codificati nella letteratura, nel cinema e nella televisione. In realtà, però, polo etico e polo affettivo sono due funzioni, non sono due figure, e come tali esse possono alternativamente essere svolte dal padre e dalla madre, a ruoli invertiti rispetto a quelli socialmente più diffusi nel costume e anche a ruoli alternati nel tempo. E ora che anche il costume, la società, la letteratura e il cinema hanno cominciato effettivamente a sovvertire la tradizionale attribuzione di ruoli, le generazioni dei nostri figli e le successive hanno smesso di fare certe associazioni automatiche tra funzione e genere.

Tornando in azienda, sarà chiaro a questo punto come mai quando si parla di leadership maschile si tende ad associarla a categorie più legate allo stereotipo maschile, una leadership logica, razionale, di pensiero, di scopo, di efficacia, di risultato. Mentre quando si parla di leadership femminile ci si riferisce a tratti inclusivi, accoglienti, generativi, orientati alla relazione e alla comunità.

Salvo poi ricordarsi dei tanti uomini che abbiamo incontrato capaci di esercitare tratti di leadership identitarie, affettive e comunitarie e delle tante donne connotate invece da forte orientamento allo scopo, alla logica e al risultato.

Ed è ancora Jung che viene in nostro soccorso, quando ci spiega come sia solo la combinazione del maschile e del femminile a rappresentare la completezza, l'unificazione e la totalità: "La vita," dice Jung, "per compiersi, ha bisogno non della perfezione, ma della completezza".

Questo è il punto centrale anche della nostra questione. I prіncìpi ordinatori di fondo del mondo e dell'essere umano sono due e non sono scissi: il principio che storicamente, in una società tradizionalmente maschilista come la nostra, abbiamo voluto indicare come principio maschile, il *logos*, un principio legato alla parola, alla logica, al pensiero, un'istanza di ordine e di razionalità, più connesso all'etica, alla regola, alla finalità, alla perfezione; e un principio che storicamente abbiamo voluto identificare come principio femminile, desiderio di completezza, bisogno di intimità psichica, desiderio di interconnessione e interazione con gli altri esseri viventi.

Il punto fondamentale non è la distinzione o la scelta fra i due tratti, né tanto meno l'attribuzione forzata di ciascuno di essi a un genere, ma proprio, al contrario, la loro integrazione.

È del tutto evidente che i due tratti si intrecciano o si invertono nello stesso individuo e ancor di più nei gruppi. Ed è del tutto evidente che lo sviluppo di una comunità, come di un'azienda, sta proprio nell'integrazione di queste due istanze di fondo, *logos* ed *eros*, a formare una società in cui entrambe le pulsioni siano rappresentate e trovino cittadinanza e diritto di espressione, nei diversi ranghi e ambiti dell'organizzazione. E soprattutto un'organizzazione che consenta a se stessa come insieme e ai suoi componenti come individui di prendere coscienza delle proprie caratteristiche, dei tratti della propria personalità, così da poter facilitare l'integrazione con gli altri e quindi lo sviluppo complessivo della comunità.

Se nella psicologia del profondo di Freud e poi di Jung crescere per una persona è anche e soprattutto integrare queste due istanze fondamentali di ciascun essere umano, allo stesso modo possiamo concludere che anche per le aziende lo sviluppo della propria personalità in senso più compiuto e adulto passi dall'integrazione di diverse istanze e pulsioni collettive, senza che una prevalga strutturalmente e violentemente sull'altra.

Facciamo un passo avanti. Poniamoci un'altra domanda. Siamo proprio sicuri che in tutte le situazioni e in tutte le circostanze di un'azienda sia sempre e comunque raccomandabile l'equilibrio o l'integrazione tra le due pulsioni di base? O è possibile anche in questo campo che, come ho già commentato nelle mie riflessioni sulla leadership nel libro *Leader ma non troppo*, ci siano dei contesti e delle situazioni di partenza in cui serva un po' di squilibrio o, meglio, qualche accentuazione di un tratto, di un polo rispetto all'altro? È possibile, cioè, che in alcuni tratti della storia di un'azienda sia funzionale allo sviluppo stesso dell'organizzazione e del business uno sbilanciamento verso il *logos* o verso l'*eros* e che si rinunci in quella fase all'equilibrio e all'integrazione tra le due istanze?

Credo di sì. Ma credo anche che questo squilibrio debba essere temporaneo e quasi strumentale al ristabilimento di un nuovo ulteriore e migliore equilibrio successivo. E che, se invece questo squilibrio durasse un lasso di tempo troppo lungo, potrebbe pregiudicare l'efficacia dell'azienda e certamente il benessere dell'organizzazione.

Possiamo dunque concludere che l'espressione leader

donna e leader uomo o leadership femminile e leadership maschile così come la domanda che spesso si accompagna a queste espressioni, e cioè se sia più efficace una interpretazione della leadership o l'altra, sono espressioni e interrogativi mal posti.

Mal posti nella terminologia: non esiste uno stereotipo di leader uomo o leader donna. Esistono due istanze di base della psicologia individuale e dei gruppi, una orientata al pensiero, alla regola e all'efficacia, e l'altra orientata alla relazione, all'inclusione e alla completezza, ed entrambe coesistono in ogni individuo. Ed esistono altrettante istanze di fondo delle organizzazioni e delle aziende, una legata al raggiungimento di un obiettivo e l'altra più allo sviluppo dell'appartenenza, entrambe presenti nella stessa organizzazione, nello stesso momento.

Mal posti nella grammatica: non esiste un "meglio" e un "peggio" e non esiste neanche un bene assoluto rappresentato dall'equilibrio sempre e comunque tra le due istanze. Esiste una continua corrente alternata che scorre dentro ciascuno di noi e dentro ciascuna organizzazione e che, se integrata, conduce allo sviluppo, alla crescita. L'integrazione, non la scelta, rappresenta la via più equilibrata per la crescita.

Mal posti, infine, nella sintassi: non esiste una risposta assoluta alla domanda su quale sia il migliore approccio alle esigenze di un'azienda. Esistono situazioni diverse e punti di partenza diversi che possono giustificare anche temporanei squilibri a favore di una o dell'altra istanza. Anche se, certo, a lungo andare è più facile trovare in organizzazioni sane e generative la coesistenza equilibrata di entrambe le pulsioni: quella alla performance e quella alla relazione.

12.
Vita

Ho scritto queste pagine negli anni della mia "mezza età", espressione cui spesso si associa la parola "crisi", a indicare che in questa fase della vita i bilanci inducono a riflessioni critiche su ciò che si è fatto sino a quel momento, su ciò che non si è fatto e su ciò che non si vuole rinunciare a fare nella seconda parte della propria vita.

Questa fase per me è coincisa anche con una circostanza particolare: per la prima volta dopo tanti anni non ricoprivo ruoli di responsabilità operativa, non ero direttore generale, non ero amministratore delegato, non avevo un'organizzazione aziendale che rispondeva a me. Il che in alcuni genera panico o depressione. In altri, senso di liberazione, di libertà. In me, ha generato la sensazione che si prova in alta montagna, quando le cose si osservano da una prospettiva molto più alta e più ampia, ma si deve anche abituare la respirazione alla diversa percentuale di ossigeno presente nell'aria, pena l'affaticamento, la nausea, la perdita dell'appetito, l'irritabilità e, nei casi più gravi, il respiro affannoso e lo stato confusionale.

Queste due circostanze, la mezza età e il diverso ruolo professionale, mi hanno indotto ancora una volta, e forse in forma più profonda, a riesaminare il percorso fatto fin qui, per capirlo meglio e per riflettere sulla traiettoria passata, presente e futura.

In un libro sulla fatica del crescere, mi è sembrato doveroso offrire al lettore anche una prospettiva personale su quanto le tematiche trattate fin qui, l'equilibrio cioè tra identità, progetto e operatività, possano anche aiutare ad analizzare il tracciato della propria vicenda professionale. Non certo per indicarla a nessuno come esemplare o nemmeno particolarmente degna di nota in sé, quanto, semplicemente, per indurre chiunque ne abbia voglia a rivolgere altrettanta attenzione alla propria storia, al proprio racconto.

Non è la prima volta che analizzo la mia vita in maniera approfondita, alla ricerca di un filo rosso. Lo avevo fatto anche diversi anni fa, nell'ambito di un corso di formazione, e la memoria, alla ricerca di un punto di partenza, mi aveva condotto a un episodio ben preciso della mia primissima adolescenza.

Ero alle scuole medie, in seconda. I professori si accorsero che in classe, quando mi annoiavo, disturbavo la lezione, ma anziché spedirmi fuori a chiacchierare con i bidelli, come capitava regolarmente ai nostri tempi, pensarono di prendere due piccioni con una fava e di mandarmi in sala professori con uno o due compagni che erano rimasti un po' indietro con il programma, perché io spiegassi loro gli argomenti che non avevano studiato o non avevano capito. Io ci andai di buon grado e la cosa mi piacque tantissimo. Con i miei amici ci divertivamo e loro comunque capivano le cose che ripetevamo insieme. Dopo quel primo giorno, mi spedirono in sala professori tante altre volte. Anche quando in classe non disturbavo. Avevamo scoperto insieme, loro e io, una cosa che mi piaceva fare e per la quale, evidentemente, ero portato: spiegare le cose agli altri.

Avevo undici o dodici anni. Eravamo lontanissimi da quello che mi sarebbe successo sul lavoro, da quello che avrebbero scritto i miei capi nelle valutazioni di fine anno, dalle scelte che avrei compiuto nella vita, dai mestieri che avrei fatto e dai passatempi che avrei coltivato. Ma questo episodio mi tornò in mente quel giorno, durante un corso di formazione sulla leadership autentica, in cui i formatori ci chiedevano di dire in cosa fossimo più bravi sul lavoro, come interpretassimo il nostro ruolo e cosa ci appassionasse di più nelle nostre giornate lavorative. Ci chiedevano poi di individuare quali episodi, quali incroci nella vita ci avevano segnalato quelle inclinazioni, quelle predisposizioni, per cercare di collegare quegli episodi tra loro e capire se si potesse trovare un filo rosso che li collegasse con il tempo presente, che dalla nostra infanzia ci conducesse fino ai giorni della nostra vita adulta. Dalle scuole medie agli uffici delle aziende dove eravamo finiti, alcuni consapevolmente, molti, tra cui sicuramente io, quasi inconsapevolmente.

Alla domanda su quale fosse la cosa che meglio sapessi fare e che più mi piacesse fare, la risposta per me fu facile. E anche oggi è la stessa. Adoravo e adoro parlare con le persone, soprattutto se c'è da chiarire qualcosa di complicato. Se c'è da far luce in una strada semibuia, lì mi piace essere, con i miei bei fiammiferi in mano, ad accendere candele.

Cominciai poi a scavare nella memoria e l'episodio più lontano in cui ricordavo di essere intento a spiegare qualcosa a qualcuno risaliva appunto a quella sala professori di quella scuola media dei primissimi anni ottanta. Non era mai riaffiorato per tutti quegli anni, ma non lo avevo dimenticato. Era ancora lì nella mia memoria recondita. Aveva lasciato il segno. Ricordavo persino i fogli a quadrettoni che usavo per fare i miei schemi, e anche per quelle "ripetizioni" a scuola. Era stato un episodio evidentemente rilevante per me. Un incrocio in cui per la prima volta avevo scelto di intraprendere una strada anziché un'altra, scoprendo poi che quella strada mi piaceva parecchio. Aveva forse rappresentato quell'episodio una prima conferma, una prima evidenza. Non solo di una passione, ma forse di una competenza.

Andai allora in cerca di altre tracce, successive, lungo il mio curriculum. Trovata la prima, non fu difficile trovare le altre, come per l'archeologo che, scoperta la prima pietra, fa meno fatica a individuare le altre, fino a portare alla luce, così, l'intero perimetro dell'edificio antico interrato nel corso dei secoli.

Ricordai, quindi, i miei primi passi all'università, dopo la laurea, in attesa del servizio militare. Avevo cominciato a collaborare con i professori con cui avevo scritto la tesi, curai la pubblicazione di un piccolo libro, che non cambiò né la storia dell'editoria né quella della materia di studio (i diritti umani) ma diede a me un'altra conferma e un'altra sensazione positiva. Arrivai persino, un giorno in cui all'università mancavano assistenti, a fare esami a ragazzi che avevano solo pochi mesi meno di me. Fu un'esperienza traumatica, perché mi resi conto che la sfida non era conoscere il programma per poter fare domande intelligenti, ma conoscerlo abbastanza per capire le risposte. E valutarle. Ma fu un'esperienza che mi lusingò, mi fece piacere. E questo era il dato rilevante.

Ricordai, poi, quando, solo pochi anni dopo, la mia vita aveva già attraversato una di quelle porte girevoli che, a seconda del momento in cui le imbocchi, possono cambiare completamente la direzione della giornata e della vita stessa, e mi ero ritrovato a fare formazione in aula. Ero passato dagli studi sui diritti dell'uomo e dalla storia delle istituzioni politiche al marketing delle creme da viso e dei deodoranti, in Procter & Gamble, ma avevo già trovato il modo di farmi assegnare, come responsabilità aggiuntiva rispetto agli incarichi quotidiani, quella della formazione dei neoassunti su alcune tecniche di base, tra cui quelle della presentazione orale. Ed ero anche riuscito a infilarmi nel gruppetto di giovani manager che la sera insegnavano marketing in un master di Roma, a Trastevere.

I puntini, come nel gioco della "Settimana enigmistica", cominciavano a essere tre e iniziavo a collegarli e a intuire la figura che ne emergeva. Quando compii questo esercizio avevo forse quarant'anni o poco più e ne erano passati più di quindici da quei giorni a Roma e circa trenta dalla scuola media, ma cominciavo a vedere la figura che emergeva unendo quei puntini.

L'archeologo aveva scoperto ormai due pietre perimetrali e una angolare, si intuiva già il resto della sagoma dell'edificio. E allora mi ricordai che, nei primi anni di carriera, ero tornato ogni anno a insegnare anche al master che avevo frequentato a Milano. Prima pubblicità, poi marketing e, quando ero in consulenza, anche strategia. E poi venne il primo libro, sul marketing, pubblicato nel 2014 e tutte le energie che, in quegli stessi anni, avevo profuso per andare a presentarlo nelle università di mezza Italia, e mi sembrò anche quella un'altra traccia da collegare alle altre, un altro puntino del disegno. E ancora la Marketing Academy, che avevo spinto fortemente per realizzare in Barilla, altra attività di formazione. E poi sarebbero arrivati gli altri libri e così via.

Riflettei anche sulle mie scelte professionali: a ben guardare il mio curriculum, si potevano rintracciare due fili che continuavano a intrecciarsi, uno più legato alle responsabilità operative e uno più legato ai ruoli di staff o di consulenza. E si vedeva come, a un periodo di responsabilità operativa, ne seguisse quasi sempre uno di maggiore approfondimento, come se la pratica e la teoria fossero entrambe importanti per me e non sapessi scegliere mai definitivamente l'una o l'altra. Per quanto, infatti, molti anni prima avessi abbandonato il progetto dell'insegnamento all'università per intraprendere una carriera molto più operativa come quella di manager in azienda, non riuscivo evidentemente a farmi bastare l'adrenalina dell'operatività senza ogni tanto prendere una boccata di ossigeno, con un po' di riflessione e di approfondimento teorico. E viceversa. Per quanto adorassi la parola e l'approfondimento, dopo un po' mi mancavano l'azione e il foglio quotidiano delle vendite. Era un continuo oscillare, il mio, tra la sensazione della claustrofobia e quella dell'agorafobia.

A farmi chiudere il cerchio fu poi una domanda molto semplice che ci fecero i formatori di quel corso di leadership e che ci invitava a riflettere su quali fossero gli appuntamenti nelle nostre affollatissime agende che ci divertivano di più e quali meno, quali le attività, gli argomenti che ci davano energia e quali quelli che ce ne toglievano.

Fu abbastanza facile per me capire che le situazioni in cui mi piaceva di più trovarmi erano quelle in cui potevo occuparmi dei giovani e dei percorsi di carriera, da un lato. E, dall'altro, quelle in cui potevo chiarire la strategia di un'azienda e creare consenso sulla direzione di marcia da percorrere.

Solo dopo tanti anni di lavoro, ma ancora in tempo, perché tanti ne sarebbero ancora seguiti, capii che, per esempio, per me molte riunioni operative, meeting di dettaglio sulla gestione del presente (sia nella sua dimensione commerciale, o industriale, o finanziaria) non erano eccitanti quanto per altri bravissimi colleghi. Sapevo di doverli fare ma non mi davano molta energia.

Sviluppo delle persone e strategia erano le mie vere passioni. E mi resi conto che far crescere i giovani e spiegare la propria materia di insegnamento, rendendo semplici i concetti difficili, erano in fondo i due pilastri del mestiere dell'insegnante.

Ero un insegnante mancato! Ma in quel momento, e solo in quel momento, capii che tutto era cambiato nella mia vita, tranne la mia indole. E mi legittimai finalmente a interpretare il mio mestiere di leader aziendale, nel *mio* modo. Per questo il corso si chiamava *leadership autentica,* perché incoraggiava i partecipanti a trovare la propria interpretazione del ruolo, senza seguire gli stereotipi o i modelli dei propri capi.

E allora capii che non era importante che io fossi bravo in tutti gli aspetti della vita aziendale o, peggio ancora, che simulassi la stessa passione per tutti gli argomenti. Importante era che io fossi autentico, trasparente con me stesso e anche con gli altri su quali fossero davvero le cose che più mi appassionavano e in cui ero più bravo, in modo che la squadra conoscesse le mie competenze ma soprattutto potesse compensare le mie debolezze.

Ero chiaramente un leader, per seguire lo schema proposto nei capitoli precedenti, che prediligeva gli aspetti legati all'identità e alla visione, i tempi, cioè, del passato e del futuro. E per questo occorreva che mi circondassi di un'organizzazione forte nella gestione del presente. E che delegassi ampiamente alle persone esperte la gestione operativa.

Questa è stata per me la chiave di volta della mia esperienza in azienda. Quando capii che non dovevo sembrare ciò che non ero e che non dovevo sembrare bravo in tutto né bravo nelle cose per cui ero meno portato, ma potevo concentrarmi sulle cose che mi riuscivano meglio, ottenni le migliori soddisfazioni. Per me e per gli altri.

Ero bravo a chiarire il contesto in cui ci trovavamo, a sviluppare la strategia insieme agli altri e a spiegarla a tutti in modo che le persone sapessero esattamente cosa ci si aspettava che facessero e perché? Bene, mi concentrai sul girare come una trottola per gli uffici di tutto il mondo per incontrare le persone, per spiegare loro le nostre scelte strategiche, per ascoltare le loro domande e per dare risposte soddisfacenti.

Ero bravo a capire le persone, a tenere insieme le diversità e a stimolare nei colleghi il cambiamento culturale e valoriale che volevamo innescare? Bene, mi concentrai su questo, cominciai a fare riunioni con tutti gli uffici, anche quelli in cui nessun top manager era andato da anni, e a spendere tempo con le persone a cena, in gruppi, in riunioni individuali. Costruivo ponti, significati e appartenenze.

Non mi occupavo di altro? Certo che sì. Dovevo fare anche tutto il resto, comprese le riunioni sul budget della manutenzione ordinaria e straordinaria delle fabbriche e la pianificazione promozionale dei paesi, ma non era la mia passione né la mia principale competenza. Smisi quindi di pretendere da me stesso di dare suggerimenti a gente più brava di me, più esperta e più appassionata di quegli argomenti, su come fare il loro mestiere. Mi occupavo certamente di verificare che tutte le cose fossero allineate tra loro e con la strategia e certamente non manifestavo disinteresse per quanto non mi appassionava.

Le persone però sapevano perché mi comportavo in quel modo e sapevano cosa aspettarsi da me. E funzionò.

Avevo capito che potevo fare il manager rimanendo me stesso. Anzi di più. Avevo capito che potevo fare un mestiere molto diverso da quello che avrei voluto fare quando avevo vent'anni, riscoprendo in realtà il vero me stesso. Avevo messo a fuoco quale fosse "il mio vero nord", cioè la mia vera vocazione, ne avevo rintracciato i segni lungo il percorso della mia vita. Avevo trovato i segni di vernice rossa sui tronchi degli alberi lungo il sentiero nel bosco. E avevo capito che per vent'anni mi ero sentito scisso ma non era stato veramente così. Avevo creduto che ci fosse un me "prima di entrare in azienda" e un me manager. E avevo sempre avvertito i due mondi così distinti da farmi sentire appunto scisso, forse anche con qualche forma di sofferenza interna, latente ma non ininfluente. Ora avevo compreso che le due fasi della mia vita non erano così separate come le avevo interpretate fino ad allora.

E così capii anche un'altra cosa di me stesso. Il rapporto che si era consolidato in me tra la noia, il cambiamento e la crescita.

La noia mi teneva lontano dai dettagli eccessivi o dai particolari in quelle materie che non mi appassionavano. A scuola erano la matematica e la scienza, in azienda erano alcuni aspetti delle vendite o della finanza. La noia mi teneva lontano, cioè, da quello in cui ero meno bravo. Come la paura tiene lontani dal pericolo.

Il cambiamento invece mi attraeva e me lo ero quasi imposto nella mia vita professionale, cambiando azienda, non freneticamente ma comunque con un certo ritmo, e soprattutto cambiando incarichi, ambienti, frequentazioni, tipi di lavoro e colleghi. Mi portavo dentro in questo, forse, quel nomadismo cadenzato della mia famiglia d'origine, che ho anche replicato in misura diversa quando ho formato la mia famiglia, che da bambino mi ha portato a cambiare città grosso modo ogni quattro anni, ricominciando tutto da capo con scuole nuove, amici nuovi. Ero sempre quello nuovo in città e, se una parte di me ne soffriva, una parte si arrampicava e cresceva intorno a questo cambiamento continuo. Ho provato molte altre volte sul lavoro quella stessa sensazione del primo giorno in una nuova scuola, circondato da persone che si conoscevano tra loro da molto tempo. Poco alla volta, ho capito che il panico iniziale era solo una spinta e che si sarebbe presto trasformato in forza. E mi sarei integrato. Cambiare era il mio modo di crescere.

Eh già, la crescita. Nel mio modello operativo (tutti ne abbiamo uno, sia che lo conosciamo sia che non lo conosciamo) la crescita era sempre avvenuta attraverso il cambiamento, raramente attraverso la persistenza. La noia me lo aveva impedito. La noia mi teneva lontano dalle cose che sentivo non mi avrebbero fatto crescere. Il cambiamento mi attraeva, perché percepivo la sua spinta propulsiva. E la crescita, la maturazione progressiva integrava una dopo l'altra le esperienze che facevo. Vivevo, cambiavo, imparavo, crescevo.

Ma solo dopo aver collegato tutti i puntini del disegno capii perché per me il cambiamento portava alla crescita e non allo smarrimento: cambiava tutto in realtà ed era faticoso all'inizio (da bambino nella nuova scuola come da adulto nella nuova azienda) ma il mio modo di interpretare le situazioni era cambiato meno di quanto avessi sempre pensato. Il cambiamento era quindi un'evoluzione, una crescita, perché era sì ricerca di novità ma anche di conferme. Novità nell'ambiente esterno e nelle fonti di apprendimento, ma conferme circa le cose più importanti: il mio sguardo sul mondo, la mia postura verso gli altri e verso la realtà, le caratteristiche del mio talento. Questi tratti maturavano, crescevano appunto, ma non si smarrivano.

Nel mio percorso professionale, molto diverso da quello che a vent'anni avevo immaginato e anche iniziato per un brevissimo tratto, non avevo mai abdicato al dovere di crescere. E lo avevo fatto declinando la mia identità profonda nell'ambiente che di volta in volta mi si prospettava davanti. Avevo, cioè, integrato il tempo passato (l'identità profonda) con il tempo futuro (il progetto), non dimenticando di fare i conti, forse meno efficacemente che nelle altre due dimensioni, con il tempo presente (l'operatività). In questo, forse, ero stato una persona, un manager efficace ma equilibrato, perché avevo agito nella realtà mutevole, ma non avevo smarrito il mio vero me stesso.

Come Pinocchio, mi ero fatto condizionare dal contesto, ne ero stato a tratti plasmato. Ho incontrato sul lavoro, e non solo, tante persone che hanno stimolato il mio tessuto neuronale ed emotivo, consentendomi di capire il mondo un po' di più e di capire un pezzo di mondo in più. Ma, diversamente da Michael Corleone, non mi ero fatto trasformare dall'ambiente esterno in un'altra persona. E non tanto nel senso etico. Non è questo il punto. Non avevo consentito alle circostanze di stravolgere il mio sguardo sulle cose.

Sarebbe bello se a vent'anni, quando siamo a metà del percorso di studi all'università, si potesse scattare una Polaroid che cogliesse i nostri sogni, il nostro sguardo sul mondo, le nostre attitudini. Sarebbe bello poi, ogni cinque o dieci anni, riprendere quella foto in mano e confrontare quello sguardo con lo sguardo che vediamo riflesso allo specchio dell'ascensore con cui la mattina saliamo in ufficio. Quello che ho imparato io è che dove quell'ascensore ci sta portando è molto meno rilevante di quanto si pensi solitamente. Quanto, invece, i nostri occhi e il nostro sguardo, specchio delle nostre attitudini verso il mondo, siano rimasti simili a quelli dei vent'anni è molto più importante di ciò che siamo indotti a pensare. Questo almeno è stato per me il modo di tenere la mia vita in equilibrio. La mia personale interpretazione dell'adagio "non siamo quel che facciamo".

Il mio sguardo sul mondo a vent'anni era uno sguardo aperto, alla ricerca, in cui il cambiamento era carburante e non paura. Sentirmi ancora abbastanza simile nello sguardo, nell'attitudine, mi conforta e rende molto meno rilevanti le mille differenze tra quello che pensavo avrei fatto e quel che realmente ho fatto nella vita.

Il mio progetto, il mio futuro era stato diverso, parecchio diverso da quello che avevo immaginato da giovane. E diverso era stato quindi anche il susseguirsi del mio presente. Ma in qualche modo, evidentemente, la mia identità profonda non era nelle cose che avevo pensato di fare e che non avevo fatto e non era nemmeno nelle cose che avevo effettivamente fatto. Era piuttosto nello sguardo. E me ne resi conto solo dopo. Ero riuscito a portare il mio passato, la mia identità, in un futuro e in un presente così diversi da quelli che avevo immaginato. Avevo accettato, abbracciato il cambiamento e non mi ero perso. Anzi, evidentemente avevo accettato di cambiare tutto... tranne quello che realmente contava per me.

Conclusione
(temporanea)

Le aziende, come le persone, si confrontano costantemente con il dilemma della crescita, intesa come evoluzione della personalità. Lo sviluppo è essenziale a far sì che l'azienda evolva nel suo rapporto con il mercato, con la società esterna e, soprattutto, con le persone che lavorano al suo interno.

Se, per un verso, si permette che le circostanze, esterne o interne, condizionino a tal punto la personalità di un'azienda da stravolgerne l'identità, l'azienda e il suo *purpose* originario si perdono (come si perse Michael Corleone).

Se, al contrario, l'azienda, come spesso accade specialmente in aziende con un forte stampo familiare, trattiene il cambiamento, lo strizza, lo spinge più in là, lo comprime, lo rinvia e insomma lo evita, allora il danno non è meno grave. Le aziende che non crescono, non nel senso quantitativo ma nel senso qualitativo che a questa espressione abbiamo attribuito in queste pagine, le aziende che rifiutano di crescere, di cambiare e di evolvere sono destinate a rattrappirsi. Spiritualmente, prima. Concretamente, poi.

È ovvio che molte aziende vanno incontro a questo destino inconsapevolmente, per via di una drammatica difficoltà. Distinguere, infatti, tra evolvere, crescere, adattarsi, da un lato, e, dall'altro, perdersi, smarrirsi, tradire è cosa che si fa molto meglio con il senno di poi. Se, di fronte a simili incroci, si sapesse prima quali strade conducono verso l'evoluzione e quali verso lo smarrimento; se si sapesse prima quali, tra le tante cose che le persone e il mercato ci chiedono di cambiare, non vanno assolutamente cambiate, perché costituiscono il nucleo identitario dell'azienda, sapremmo sempre come crescere senza perderci.

Non esiste, però, una sfera di cristallo in grado di darci questa lettura del futuro. Per questo motivo, quel che conta di più è l'atteggiamento, l'*habitus* mentale dell'imprenditore, del capoazienda: più delle risposte sono importanti le domande. La ricerca delle risposte è più importante delle risposte stesse.

La ricerca delle risposte, cioè le domande che rendono un'azienda longeva e matura, sono quelle che consentono di bilanciare identità e crescita. Cultura e cambiamento. Molto di quello che i leader in azienda fanno in sostanza si riduce a questo: gestire quotidianamente lo strappo che ogni crescita rappresenta nel tessuto dell'identità. Nella consapevolezza che strappi continui ed eccessivi rischiano di condurre allo smarrimento, ma nella certezza anche che senza cambiamento continuo non esiste crescita, perché non esiste vita senza evoluzione.

Negli anni, a tal proposito, ho citato fino alla noia – e continuerò a farlo perché niente rende meglio l'idea – il grande compositore austriaco Gustav Mahler quando dice che "la tradizione è custodire il fuoco, non adorare le ceneri".

Le ceneri, si badi, sono qualcosa di sacro, cui va riservata la massima cura. E chi, in famiglia come in azienda, si occupa di conservazione, di memoria, di ceneri è un benemerito.

Ma le aziende procedono grazie a chi si occupa del fuoco, non delle ceneri.

Questo ho imparato fin qui, come manager e come uomo. Questa è la mia conclusione temporanea, in attesa di altro futuro.

Indice